Petra Altmann · Odilo Lechner
Leben nach Maß

PETRA ALTMANN · ODILO LECHNER

Leben nach Maß

Die Regel des heiligen Benedikt
für Menschen von heute

FREIBURG · BASEL · WIEN

Inhalt

Vorwort   8

I. Benedikt und seine Regel   10

Benedikts Leben 12
Benedikts Regel 13
Die Regel: Orientierung am Ursprung 16
Stimmen zur Benediktsregel 18
Stabilität und Kontinuität der Regel 20
Flexibilität der Regel 21
Benedikts Regel für Menschen im 21. Jahrhundert 25

II. Leben nach Maß   30

Das rechte Maß finden 32
Gebet und Arbeit 34
Leitmotiv „Leben nach Maß" 37
Balance von Arbeit und Muße 39
Balance von Bewegung und Ruhe 47
Das rechte Abwägen 52
Reden und schweigen 54
Essen und trinken 58
Maßstab für das Alltägliche 63
Das rechte Maß ausloten 65

III. Grundhaltungen einüben 68

Die Werkzeuge der spirituellen Kunst 70
Eine Schule des Hörens..71
Aufeinander hören 75
Das Schweigen 79
Mit Bedacht kommunizieren..82
Die zwölf Stufen der Demut 85
Einklang mit sich selbst, Achtung vor dem anderen 89
Achtung und Wertschätzung zeigen 97
Aufgaben wahrnehmen und teilen 98
Der gute Eifer..101
Verantwortung übernehmen...104

IV. Leben mit anderen 106

Jedem nach seinen Bedürfnissen 108
In Gemeinschaft leben 112
Individualität leben..116
Verbundenheit über Zeit und Raum hinaus 118
Verbundenheit über Gruppengrenzen hinweg 122
Das Zusammenleben mit alten Menschen 128
Die Förderung der Jungen 131
Die Sorge für die Kranken 134
„Dein Antlitz leuchtet Frieden" 136
Die Aufnahme von Fremden...139
Gastfreundschaft..141

V. Mit Störungen umgehen — 144

Das Murren 146
Zurechtweisung und Sanktionen 148
Verfehlungen – unverzeihlich oder menschlich? 150
Zeichen der Neubesinnung 155
Die Spannung zwischen Ideal und Wirklichkeit 157
Öffentlichkeit und Diskretion 159
Immer wieder Chancen bieten 163

VI. Führungsaufgaben wahrnehmen — 164

Führungsaufgaben in Gemeinschaften 166
Persönliche Führung 168
Leitungsfunktion, Menschenführung und Vorbildcharakter ...174
Verwaltung als geistliche Aufgabe 180
Wirtschaftliches Handeln mit christlicher Inspiration 182
Kloster und Welt in Wechselbeziehung 184
Außenbeziehungen regeln 188
Entscheiden aufgrund von Beratung 190
Entscheidungen gemeinsam verantworten 193

VII. Einfach leben – gelassen leben – in Freude leben — 196

Einfach leben 198
Persönliches Eigentum 201
Gemeinschafseigentum 205

Gelassen leben..208
Das Ziel: die Weite des Herzens..212
In Freude leben 216

Literaturhinweise	218
St. Bonifaz und Andechs	219
Register	220
Autorenviten	222

Vorwort

Die Regel des heiligen Benedikt für Menschen von heute? Kann eine Schrift, die knapp 1500 Jahre alt ist, für uns im 21. Jahrhundert wirklich noch Bedeutung haben?

73 Kapitel umfasst die Niederschrift des Ordensvaters aus dem 6. Jahrhundert nach Christus. Er hinterließ sie seinen Mitbrüdern als Konzept für ihr gemeinschaftliches Leben.

Benedikt beschäftigt sich darin mit der Organisation der Gemeinschaft, mit Führungsfragen, mit der Regelung von individuellen und gemeinschaftlichen Bedürfnissen und mit der Aufgabenverteilung im Kloster. Er beschreibt, wie man miteinander umzugehen hat, wer ins Kloster aufgenommen werden kann und wie man auf Verfehlungen reagieren soll.

Er regelt die Außenbeziehungen des Klosters, beschäftigt sich mit dem Tagesablauf, mit Ernährungsfragen und mit den Themen Fasten und Schweigen.

Dieses Werk ist ein Verhaltenskodex, der so ziemlich alle Bereiche des menschlichen Miteinanders abdeckt. Man erkennt die große Lebenserfahrung des Autors und spürt sein Verständnis für menschliche Schwächen. Benedikt wollte mit dieser Regel den Mönchen ein stabiles Lebensgerüst hinterlassen.

Dies ist ihm gelungen. Noch heute leben Ordensleute auf allen Kontinenten nach seinen Vorgaben. Es ist erstaunlich, wie aktuell sie auch in unserer Zeit noch sind.

Wer die Regel aufmerksam liest, wird feststellen, dass sie nicht nur ein Verhaltenskodex für Ordensleute ist, sondern auch ein Lebensmodell für Menschen außerhalb der Klostermauern. Und zwar unabhängig von Glaubensanschauungen und Religionszugehörigkeit.

Jedes Kapitel enthält wichtige Denkanstöße für den menschlichen Umgang miteinander. Viele Themen werden behandelt, die uns auch heute in unserer Gesellschaft beschäftigen – hierarchische Strukturen, Erziehungsfragen oder der Generationenkonflikt beispielsweise. Und viele Problemlösungen werden angeregt, die durchaus zeitgemäß sind. Darunter Übertragung von Verantwortung, Teamarbeit, Motivation. Man muss die Regel nur zu deuten wissen.

Benedikts Leitmotiv ist in unserer Welt des 21. Jahrhunderts absolut zeitgemäß, nämlich: ein Leben nach Maß zu führen.

Dies möchten wir mit diesem Buch deutlich machen. Durch die Sicht eines Insiders aus der Ordenswelt und die Auslegung einer Journalistin, die außerhalb der Klostermauern lebt.

Der Abt legt im Anschluss an ein Zitat aus der Benediktsregel oder der Lebensbeschreibung im 2. Buch der Dialoge Gregors des Großen benediktinische Grundsätze dar. Die Journalistin zeigt auf, wie diese im konkreten Leben zum Tragen kommen können.

In diesem Sinne wünschen wir Ihnen eine anregende Lektüre.

Dr. Petra Altmann
Altabt Dr. Odilo Lechner

Die Beiträge von Abt Odilo Lechner sind farblich rotbraun markiert und mit O.L. *gezeichnet. Die Beiträge von Petra Altmann sind farblich grün markiert und mit* P.A. *gezeichnet.*

1. Benedikt und seine Regel

Benedikt von Nursia: Skulptur im Kloster St. Ottilien

Benedikts Leben

VIELE DINGE SIND VERLOREN GEGANGEN. Über das Leben Benedikts gibt es nur wenige Überlieferungen. Um 480 wurde der Mönchsvater im umbrischen Nursia, dem heutigen Norcia, geboren. Seine Familie entstammte dem altrömischen Landadel. Zum Studium der Rechte wurde der Sohn ins rund 100 Kilometer nordöstlich gelegene Rom geschickt.

Das dekadente Leben der Stadt und seiner Mitstudenten war Benedikt jedoch bald überdrüssig. Mit siebzehn Jahren schloss er sich zunächst einer Asketengemeinschaft an, zog sich aber nach kurzer Zeit als Einsiedler in eine Grotte bei Subiaco zurück. Drei Jahre lebte er dort auf der Suche nach einem gottgeweihten Leben.

Rasch sammelten sich Anhänger um ihn. Menschen, die ebenfalls nach einer sinnvolleren Lebensweise suchten. Als die Zahl seiner Schüler wuchs, teilte er sie in Lebensgemeinschaften ein. Im Laufe der Jahre entstanden so zwölf Klöster, denen Benedikt vorstand.

Um 529 zog Benedikt mit einigen Mitbrüdern auf den Montecassino, etwa 120 Kilometer nordöstlich von Rom. Dort gründete er seine erste Abtei. Und hier schrieb er auch seine Mönchsregel. Vermutlich ab 534 begann er, die Dinge, die er seine Mitbrüder gelehrt hatte, niederzuschreiben.

Um 547 starb Benedikt auf dem Montecassino. P. A.

Benedikts Regel

BENEDIKT GING ES DARUM, eine dauerhafte Basis für das Miteinander klösterlicher Lebensgemeinschaften zu schaffen. Dies war für ihn der Antrieb, seine Erfahrungen niederzuschreiben und der Nachwelt zu hinterlassen.

Mönchsgemeinschaften gab es bereits vor Benedikt. Sogenannte *Asketen* (auf Deutsch: „Einübende") bildeten in vorchristlicher Zeit das frühe Mönchtum. Ihre besonderen Merkmale waren Ehelosigkeit und Enthaltsamkeit.

Ende des 3. nachchristlichen Jahrhunderts setzte die Bewegung der sogenannten Wüstenmönche ein. Sie zogen vor al-

Die Wüste Sinai: Blick vom Moseberg

Katharinenkloster am Fuß des Mosebergs in der Wüste Sinai

lem in die Wüsten Ägyptens und Syriens, um dort abseits der menschlichen Gemeinschaften ein spirituelles Leben zu führen. Antonius war der erste dieser sogenannten Wüstenväter. Er zog um 270 n. Chr. in die Einöde. In den folgenden drei Jahrhunderten folgten zahllose Mönche seinem Beispiel.

Leitfigur des westlichen Mönchtums ist Martin von Tours (336–397), der 372 das Kloster Marmoutiers gründete. Durch die Legende, seinen Mantel mit einem Bettler geteilt zu haben, ist er heutzutage nach wie vor im Volksglauben präsent.

Für Benedikt war, wie für alle Mönchsväter, die Bibel grundlegende Basis seiner Regel. Er konnte zudem auf schriftlichen Überlieferungen aufbauen. Bedeutend war für ihn die älteste bekannte Klosterregel, niedergeschrieben von Pachomius (ca. 290 bis ca. 347). Weitere wichtige Impulse gaben ihm die Aufzeichnungen früherer Ordensgründer wie Basilius (um 330 bis 379) und Augustinus (354 bis 430). Eine wichtige Quelle war außerdem die sogenannte „Regula Magistri", das Werk eines unbekannten Mönchs aus der ersten Hälfte des 6. Jahrhunderts, also eines Zeitgenossen Benedikts.

Wesentlicher noch als diese schriftlichen Vorlagen waren für ihn seine Lebenserfahrung und die Lebensbeispiele vieler Mitbrüder:

Wallfahrtskirche und Kloster Andechs auf Bayerns „Heiligem Berg"

„Diese Regel haben wir geschrieben, damit wir durch ihre Beobachtung in unseren Klöstern eine dem Mönchtum einigermaßen entsprechende Lebensweise oder doch einen Anfang im klösterlichen Leben bekunden" (Benediktsregel 73,1).

Benedikt erstellte eine konkrete Haus- und Lebensordnung für seine Abtei Montecassino. Seine Intention war es aber gleichzeitig, eine allgemeingültige Ordnung zu erstellen, die auch für andere Klostergemeinschaften brauchbar sein sollte.

- Diese Ordnung sollte *für alle verständlich* sein, damit sich jedes Klostermitglied danach richten konnte.
- Sie musste *weitblickend* sein, um alle menschlichen Schwächen zu berücksichtigen.
- Und sie musste *Kontinuität* deutlich machen, um über den Tag hinaus Gültigkeit zu haben.

Das ist Benedikt gelungen. Seine Regel hat das abendländische Mönchtum entscheidend geprägt. Fundamentales kann die Jahrhunderte überdauern: Seit 1500 Jahren leben Ordensleute nach diesen Vorgaben.

P. A.

Die Regel: Orientierung am Ursprung

„Diese Regel haben wir geschrieben, damit wir durch ihre Beobachtung in unseren Klöstern eine dem Mönchtum einigermaßen entsprechende Lebensweise oder doch einen Anfang im klösterlichen Leben bekunden."

BENEDIKTSREGEL 73,1

BENEDIKT WOLLTE MIT SEINER „einfachen Regel des Anfangs" *(minima inchoationis regula)* Mönchen, die sich seiner Weisung unterstellten, den Weg zu Gott weisen. Diese Regel hat, als sie sich vor allem im 8. Jahrhundert besonders im Frankenreich als allgemein gültige Regel für das Klosterwesen durchsetzte, das Abendland entscheidend geprägt.

Im abschließenden 73. Kapitel weist Benedikt auf die Quellen hin, die seine Regel speisen und die den suchenden Menschen weiterführen. Es ist das Wort Gottes im Alten und Neuen Testa-

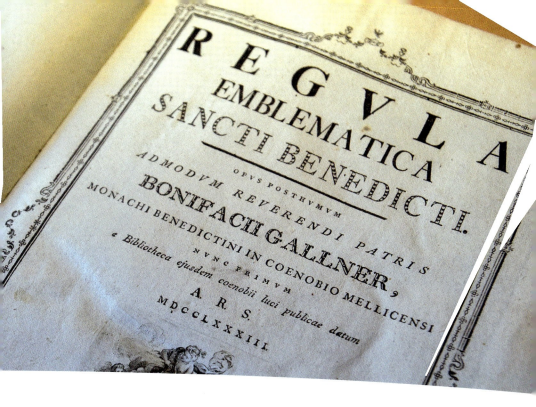

ment. Es sind die Kirchenväter, vor allem die Mönchsväter, wie sie Benedikt aus den Schriften des Johannes Kassian von Marseille (gest. um 340) kannte, der dem Westen die Kenntnis des ägyptischen Mönchtums vermittelte. So hat Benedikt selber aus der Tradition der Mönchsbewegung des 4. und 5. Jahrhunderts gelebt, die als „Heimweh nach der Urkirche" verstanden wurde.

Diese Tradition ist der Auszug in die Wüste, der Auszug aus den nach Konstantin zwar christlich gewordenen und doch dem sittlichen Verfall preisgegebenen Städten. Sie suchte nach der Entschiedenheit der Kirche des Ursprungs und der Märtyrer. Auch Benedikts Regel orientiert sich immer wieder am Ursprung des Christentums, am Bild der Urgemeinde, wie sie die Apostelgeschichte schildert.

O.L.

STIMMEN ZUR BENEDIKTSREGEL

1679, also drei Jahrzehnte nach den Wirren des Dreißigjährigen Krieges, erschien in Köln von *Gabriel Bucelin* die Schrift: „Benedictus redivivus. Das Buch von der unverwüstlichen Kraft und Frische des Benediktinerordens". Was *Papst Gregor der Große* in der Einleitung zur Lebensbeschreibung Benedikts im 2. Buch der Dialoge vom Namen Benedikt ableitet, dass er ein Gesegneter war und den Abrahamssegen aufnahm – „Ich werde dich segnen und deinen Namen groß machen. Ein Segen sollst du sein" (Gen 12,2) – hat sich so in der Geschichte immer wieder erfüllt.

Als *Papst Paul VI.* am 17. Oktober 1964 das im Zweiten Weltkrieg völlig zerstörte und nun wieder aufgebaute Montecassino weihte und Benedikt zum Patron Europas erklärte, rief er aus: „Sankt Benedikt kehre zurück, uns zu helfen!" Zwei Hauptgründe ließen ihn „heute die strenge und milde Gegenwart Sankt Benedikts unter uns" wünschen: der Glaube, den er und sein Orden der Völkerfamilie verkündeten, und die Einheit, „zu der der große einsame und soziale Mönch uns als Brüder erzog".

Papst Pius XII. hatte 1947 in seiner Enzyklika „Fulgens rabiatur" Benedikt als Vater des Abendlandes gefeiert und gemeint, jede Epoche, die im Umbruch und Wiederaufbau befindlich sei, „müsse sich nach denselben Grundsätzen richten, aus denen das segensreiche Werk des heiligen Benedikt gewachsen" sei.

Papst Benedikt XV. hatte bei Antritt seines Pontifikats erklärt, er habe den Namen des Patriarchen des abendländischen Mönchtums deswegen gewählt, weil er die jetzt anbrechende Zeit so zu Gott hinführen möchte, wie es einst St. Benedikt getan hat.

An diesen Friedenspapst des Ersten Weltkriegs knüpfte *Joseph Kardinal Ratzinger* an, als auch er den Papstnamen Benedikt annahm. Kurz zuvor hatte er Anfang April 2005 in Subiaco ausgerufen: „Wir brauchen Menschen. die den Blick geradewegs auf Gott richten. Wir brauchen Menschen wie Benedikt von Nursia." Von Subiaco aus sei Benedikt um 529 nach Montecassino gezogen, um das große Kloster zu gründen, das zu einer „Stadt auf dem Berg" wurde, in der „die Kräfte gesammelt wurden, aus denen sich eine neue Welt bildete".

Wie solche Orientierung am Ursprung auch über Europa hinaus bedeutsam werden kann, schildert der ehemalige Premierminister und Außenminister Chinas *Lou Tseng-Tsiang* in seinem Buch „Konfuzianer und Christ" (1947). Er war 1893 als junger Diplomat an die Gesandtschaft in Peterburg gekommen und fand in seinem dortigen Chef Shu einen Lehrmeister staatsmännischer Bildung. Der gab ihm den Rat, im Interesse des dahinsiechenden Chinas die Kräfte Europas zu studieren. Er solle die christliche Religion und deren Zweige kennenlernen. „Nehmen Sie den ältesten Zweig dieser Religion, den, der am ehesten zu den Ursprüngen zurückreicht – dort treten Sie ein … In jenem ältesten Zweig hinwieder wählen Sie die älteste Genossenschaft und treten Sie, wenn es Ihnen möglich ist, auch dieser bei. …Wenn Sie dann das Geheimnis dieses Lebens begriffen und durchschaut haben … dann nehmen Sie, was Sie entdeckt haben, und bringen Sie es den Chinesen!"

Tatsächlich wurde Lou nach einer großen politischen Karriere Katholik und 1928 Benediktinermönch, auch wenn sich damals eine Entfaltung benediktinischen Lebens in China nicht mehr verwirklichen ließ.

O.L.

Stabilität und Kontinuität der Regel

„Die Werkstatt ist der abgeschlossene Bereich des Klosters und die Beständigkeit in der Gemeinschaft."

BENEDIKTSREGEL 4,78

WENN DIE REGEL BENEDIKTS nach fast anderthalb Jahrtausenden sich immer noch als eine gute Wegweisung erweist, wenn manche Klöster in unserem Raum auf eine zwölfhundertjährige Geschichte zurückblicken können, zeigt sich darin eine erstaunliche Kontinuität bei all den vielen Veränderungen in der Gesellschaft, bei all den vielen geschichtlichen Umbrüchen. Benedikt selber ist ein Verfechter der Stabilität.

Im ersten Kapitel seiner Regel schildert er verschiedene Arten des Mönchtums. Von den *Koinobiten,* die in klösterlicher Gemeinschaft unter Regel und Abt dienen, grenzt er neben den *Eremiten,* den Einsiedlern, zwei für ihn verwerfliche Arten von Mönchen ab, die ohne feste Regel nach ihren Launen leben. Vor allem verabscheut er die *Gyrovagen,* die immer wieder woanders hinziehen, und nennt sie „immer umherschweifend, nie beständig" *(semper vagi, nunquam stabiles)*. Er sieht die Gefahr, dass der Mensch immer wieder seiner Aufgabe entflieht, vom einen zum anderen flüchtet und nicht aushält. Darum lässt er seine Mönche neben dem klösterlichen Lebenswandel, der radikalen Hinwendung zu Gott, und neben dem Gehorsam auch die Beständigkeit geloben. Darum kann er am Ende des 4. Regelkapitels als Werkstatt der dort geschilderten Grundhaltungen klösterlichen Lebens den abgeschlossenen Bereich *(claustra)* und die Beständigkeit *(stabilitas)* in der Gemeinschaft bezeichnen. Walter Dirks hat in seinem Buch „Die Antwort der Mönche" (1952/1968) die *stabilitas loci* so gekennzeichnet. Sie hieß: „Schluss mit der Völkerwanderung … Hier wurde ihr zum ersten Mal ein Halt zugerufen."

Die Beständigkeit bedeutet Begrenzung auf einen bestimmten Raum, einen bestimmten Bereich der Welt. Die Sehnsucht nach der Veränderung der Welt, nach dem schlechthin Anderen darf sich nicht im Vielen verlieren, sondern muss an einem Punkt, an einem Bereich der Welt beginnen. So sind die Klöster in ihrer Geschichte zu Kristallisationspunkten christlichen Lebens und christlicher Kultur geworden, haben ein Land von festen Punkten aus vielfältig und in je eigener Art geprägt. Sie sind bei allem Wandel, den etwa auch ihre Gebäude anzeigen, doch zugleich Zeichen geschichtlicher Kontinuität.

O.L.

Flexibilität der Regel

„Wenn jemand mit dieser Psalmenordnung nicht einverstanden ist, stelle er eine andere auf, die er für besser hält."

BENEDIKTSREGEL 18,22

DIE BENEDIKTSREGEL mit ihren 73 Kapiteln verbindet allgemeine Grundsätze und konkrete Anweisungen. Sie vermittelt geistliche Lehre und gibt zugleich praktische Regelungen des Alltags vor. Sie ist kein geschlossenes Gesetzeswerk. So fehlen öfters genaue rechtliche Bestimmungen, wie etwa die Abtwahl erfolgen soll. Sie weist selber auf die Möglichkeit anderer Ordnungen etwa bei der Verteilung der Psalmen hin. Sie hat Modellcharakter. An diesem Modell können wir uns auch unter geänderten Zeitverhältnissen und in ganz verschiedenen Situationen orientieren. Diese Flexibilität macht die Lebenskraft der Regel aus. So konnte sie im 8. Jahrhundert im Frankenreich die Klosterregel schlechthin werden und sich im Lauf der Jahrhunderte nach manchen Abbrüchen und Niedergängen immer wieder bewähren. Manches, was aus der Zeit des 6. Jahrhunderts zu erklären ist, wie die Strafen körperlicher Züchtigung, ein großes Verfügungsrecht der Eltern über ihre Kinder, der gemeinsame Schlafsaal für alle, die Tageseinteilung nach dem Rhythmus von Sonnenaufgang und Sonnenuntergang, ist unter den veränderten gesellschaftlichen und kulturellen Verhältnissen nicht mehr in Übung. Aber wie Benedikt seine Gemeinschaft ordnet, bleibt ein verbindliches Modell.

Wie das einzelne Kloster die Regel auslegte und ergänzte, schlug sich oft in verfassten Gewohnheiten nieder *(consuetudines)*. Immer wieder suchte man, etwa auf der Aachener Synode (817) unter dem Einfluss des Benedikt von Aniane, gemeinsame Gewohnheiten für mehrere Klöster festzulegen. Reformklöster wie Cluny (gegründet 910) gewannen großen Einfluss auf andere Klöster, die sich ihnen anschlossen oder die von ihnen gegründet waren. Im Spätmittelalter und in der Neuzeit bildeten sich immer wieder Zusammenschlüsse zu Klosterverbänden, die sich gemeinsame Erklärungen der Regel und genauere

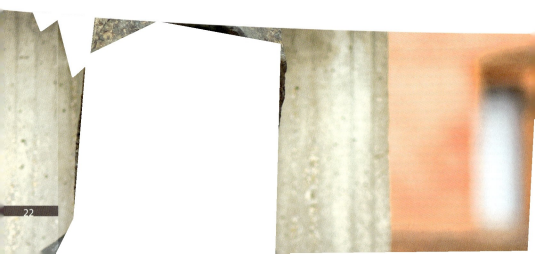

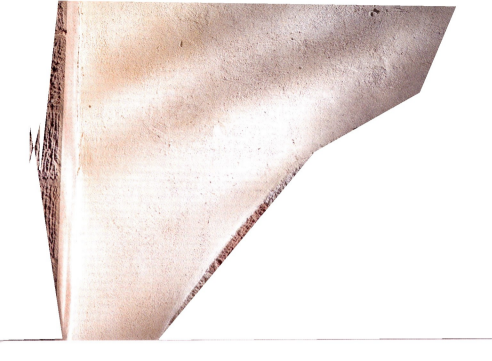

rechtliche Verfahrensweisen in Satzungen gaben. Solche Verbände (Kongregationen) entwickelten sich aus Zusammenschlüssen selbständiger Klöster einer bestimmten Region (zum Beispiel die Schweizerische, Österreichische oder Bayerische Benediktinerkongregation) oder durch Gründung neuer Klöster durch ein Mutterkloster (zum Beispiel die Beuroner Benediktiner und die Missionsbenediktiner von St. Ottilien). Gefördert und bestätigt von Papst Leo XIII. erfolgte dann 1893 der Zusammenschluss fast aller Benediktinerklöster zu einer Konföderation. In diesem Jahr wurde auch der Grundstein gelegt für das Kloster Sant'Anselmo auf dem Aventin in Rom, das eine Benediktinerhochschule aufnehmen und zugleich Sitz des Abtprimas, des obersten Repräsentanten aller Benediktinermönche werden sollte.

Heute leben etwa 8500 Benediktinermönche in 21 Kongregationen auf der Welt, rund 16 500 benediktinische Nonnen und Schwestern sind in 61 Verbänden zusammengefasst. Nach der Benediktusregel leben auch die Reformorden der Zisterzienser

Benedikt und seine Regel: Statue in der Klosterbibliothek von St. Bonifaz

und Trappisten, aber auch einige Gemeinschaften im Bereich der Kirchen der Reformation. In Oblatenkreisen haben sich Frauen und Männer, die in Verbindung mit einem Benediktinerkloster nach benediktinischem Geist in der Welt leben wollen, zusammengeschlossen. In Kursen „Kloster auf Zeit", in der Nachkriegszeit vor allem von Abt Emmanuel Heufelder in Niederaltaich ins Leben gerufen, versuchen heute viele Menschen, für einige Zeit am Rhythmus benediktinischen Lebens teilzunehmen und Kraft für ihr Leben im Alltag zu gewinnen. Von Benedikts Regel wird also bis heute eine segensreiche Wirkung erwartet. Sie ist ja durchdrungen von der Kraft des guten Wortes, des Schöpfungswortes, aus dem alles entsteht, des guten Wortes, das Gott uns in der Geschichte zuspricht und das wir als gutes Wort weitergeben dürfen.

O.L.

Benedikts Regel für Menschen im 21. Jahrhundert

WER DIE REGEL BENEDIKTS zur Hand nimmt, wird erst einmal erstaunt sein über die schlichte Sprache. In 73 Kapiteln beschreibt er in einfachen und daher für jeden verständlichen Worten sein Konzept einer klösterlichen Lebensgemeinschaft. Seine Aussagen sind schnörkellos und direkt. Ihm war daran gelegen, dass selbst die ungebildetsten Mitbrüder verstanden, was er meinte. Seine Ausführungen beschäftigen sich mit allen Ausprägungen und Besonderheiten menschlichen Zusammenlebens.

Benedikts Regel ist in den heutigen Klöstern überall gegenwärtig, nicht nur in den benediktinischen. Sie ist der Leitfaden für die Ordensleute unserer Tage, und das bei einem Alter von 1500 Jahren. Von keinem anderen Buch – mit Ausnahme der Bibel – kann man das behaupten.

Für den Klosternachwuchs, also die Novizen, ist die Beschäftigung und Auseinandersetzung mit der Regel wesentlicher Bestandteil der Ausbildung. In der Benediktinerabtei Münsterschwarzach beispielsweise gehören Fächer wie „Benediktinische Spiritualität" zum wöchentlichen Stundenplan des ersten Noviziatsjahrs, wie mir der Novizenmeister Bruder Pascal erzählte. Die jungen Ordensleute lernen dabei, die Regel für unser heutiges Leben zu deuten. Man kann sagen, dass sie dabei eine Art Übersetzungsarbeit leisten. Nach dem Motto: Welche Worte würde Benedikt heute für Situationen finden, die er in seiner Regel beschrieben hat. Die Novizen werden mit der Regel so lange vertraut gemacht, bis sie sie verinnerlicht haben. Das führt dazu, dass sie nicht nur versuchen, danach zu leben, sondern auch häufig darüber sprechen.

In Gesprächen mit Ordensmitgliedern erlebe ich es immer wieder, dass Benedikt zitiert wird. „Benedikt hat über dieses oder jenes Problem folgendermaßen geschrieben, und damit meint er …", heißt es oft. Mit dem Zitat wird also meist auch gleich die Interpretation geliefert. Dabei nimmt der Ordensvater immer die Rolle des Vorbilds ein.

Zwar ist Benedikts Schrift eine Regel für Klostergemeinschaften, aber nur wenige Kapitel sind ausschließlich für den „Klostergebrauch", wie beispielsweise die Ordnung der Gottesdienste und Gebetszeiten.

Der überwiegende Teil ist auch für Menschen und Lebensgemeinschaften außerhalb des Klosters anzuwenden. Denn im Mikrokosmos Kloster „menschelt" es ebenso wie draußen. Und dort sind Tugenden und Untugenden genauso vorhanden wie bei uns.

Klosterleute gehen mit ihren Schwächen und Konflikten unter Umständen nur anders um als wir. Viele Ordensleute betonen mir gegenüber regelmäßig, dass sie keine besseren Menschen oder gar Übermenschen sind. Benedikt berücksichtigte die menschlichen Schwächen. Wer sein Werk liest, spürt: Hier spricht ein Mensch mit großer Lebenserfahrung, der so ziemlich alles kennt, was sich im menschlichen Miteinander abspielen kann. Dies spiegelt sich in seiner Regel wider.

- In der Benediktsregel geht es um die *Ordnung der menschlichen Bedürfnisse,* beispielsweise um die tägliche Versorgung: Wie häufig und zu welchen Tageszeiten soll gegessen werden. Wie viel bekommen die Ordensmitglieder zu essen und zu trinken. Und was kommt überhaupt auf den Tisch. Benedikt plädiert für regelmäßige Mahlzeiten, die letzte vor Sonnenuntergang, für die Verwendung regionaler Produkte und für Speisen, die zur Jahreszeit passen. Ein Konzept, das auch heutige Ernährungswissenschaftler vertreten.

- Die Benediktsregel ordnet *Reden und Schweigen*. Worte sollten nur mit Bedacht geäußert und Schweigephasen eingehalten werden. In unserer Mediengesellschaft, in der wir ständig von Wortfluten überschwemmt werden, ist das Schweigen von besonderem Wert.
- Benedikts Mitbrüder sollen sich in *Grundhaltungen üben* wie Demut, Schweigsamkeit und Gehorsam, den vom Ordensvater so bezeichneten Werkzeugen der geistlichen Kunst.
  In unserer von Medieneinfluss und Konkurrenzdenken geprägten Wettbewerbsgesellschaft sind diese Tugenden von besonderer Bedeutung.
- Die Benediktsregel ist eine *Ordnung des gemeinschaftlichen Lebens*.
  Umgang der Generationen: Wie können sich Alte und Junge austauschen, gegenseitig motivieren und von ihren spezifischen Fertigkeiten und Erfahrungen profitieren? Im Hinblick auf das Thema „Generationenkonflikt" ist Benedikts Regel

auch heute hoch aktuell. Schwerpunkte liegen dabei auf folgenden Themen:

Umgang mit den kranken und alten Menschen: Ihnen soll man mit besonderer Aufmerksamkeit begegnen. In unserer von Überalterung und Einsamkeit bedrohten Gesellschaft eine ganz wichtige Fragestellung.

Umgang mit Fremden: Wie soll man mit Fremden umgehen? Wie behandelt man Gäste, und wem öffnet man überhaupt die Tür? Das Thema Integration wird auch heutzutage häufig diskutiert.

- Wichtiges Thema in der Regel sind *die menschlichen Schwächen:* Eine ganze Reihe von Kapiteln widmet Benedikt den Verfehlungen und Strafen. Auch die frühen Mönche waren keine unbeschriebenen Blätter. Wer gegen die Regeln verstieß und dabei erwischt wurde, bekam eine ordentliche Strafe. Über das angemessene Strafmaß äußert sich Benedikt ausführlich. Wie mit Verfehlungen umzugehen ist, bleibt ein Thema, das auch unsere Gesellschaft täglich umtreibt.
- Benedikt beschäftigt sich mit *Führungsaufgaben:* Er beschreibt beispielsweise detailliert Aufgaben und Pflichten des klösterlichen Führungspersonals. Der Funktion des Abts widmet er ein sehr ausführliches Kapitel, ebenso dem Cellerar, der für die wirtschaftlichen Belange des Klosters zuständig ist. Und er umreißt Aufgabenbereiche und Dienste der einfachen Mönche, also sozusagen des restlichen Klosterpersonals. Aufgabenverteilungen, Hierarchien und Führungsaufgaben sind auch Themen unserer Tage.
- *Persönlicher und gemeinschaftlicher Besitz* sind wichtige Aspekte der Regel: Was darf der Einzelne besitzen, was ge-

hört der Gemeinschaft, und wie geht man mit den Besitztümern um. Dabei geht es auch um das Prinzip Teilen. Wenige sollen nicht alles besitzen. In Anbetracht der neuen Armut in der westlichen Welt ist dies eine sehr aktuelle Frage.

Dies sind nur die wichtigsten Themenkomplexe der Regel Benedikts. Wie man sieht, gibt sie Antworten auf Fragen, die uns Menschen immer und überall in irgendeiner Form betreffen. Man muss dafür weder gläubig sein noch einer Kirche angehören.

Was Benedikt seinen Mitbrüdern und -schwestern vorgibt, ist nicht orts- und auch nicht zeitgebunden. Es sind Denkanstöße und Vorschläge, die über den Tag hinaus Bedeutung haben und von großer Menschenkenntnis zeugen.

Deshalb ist Benedikts Regel zeitlos und aktuell – auch für uns Menschen außerhalb der Klöster. Alles, was darin beschrieben ist, ist auf ein Leben nach Maß ausgerichtet.
P. A.

II. Leben nach Maß

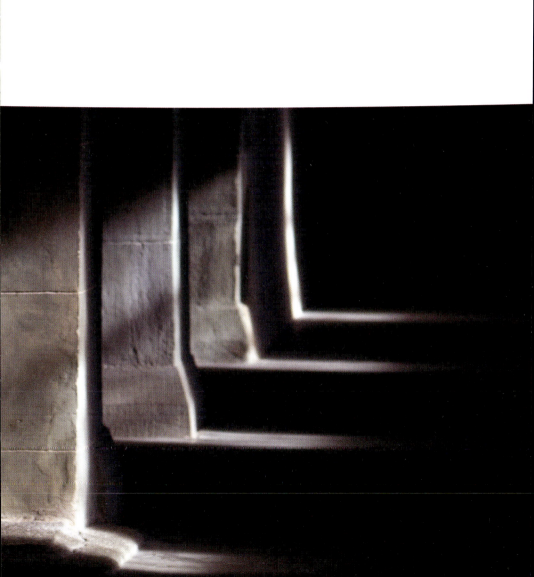

Das rechte Maß finden

„Der Abt sei nicht maßlos."

BENEDIKTSREGEL 64,16

DER JUNGE BENEDIKT HATTE die Studienstadt Rom verlassen, um Gott allein zu gefallen. Auch Enfide, wohin er sich zusammen mit seiner Amme in eine Gemeinschaft geistlich Suchender begeben hatte, verlässt er, um aller menschlichen Bewunderung und Anerkennung zu entgehen. In der Höhle von Subiaco ist er drei Jahre lang ganz einsam, allein mit Gott, dem Unendlichen ganz ausgesetzt. Aber als er durch die österliche Begegnung mit einem Priester in die menschliche, kirchliche Gemeinschaft zurückgeführt wird und sich später Schüler um ihn sammeln, um zu einem Leben mit Gott geführt zu werden, wird ihm die Notwendigkeit und Bedeutung einer Ordnung für das gemeinsame Leben deutlich. Es ist die Ordnung des Vielen, in dem wir leben, um dieses Ziel der Einheit nicht zu verfehlen. Es sind die rechten Proportionen des Endlichen, um in den endlichen Schritten auf das Unendliche zuzugehen. Wer Gott sucht, muss in seinem Leben das rechte Maß suchen.

Das ist darum eine Hauptanforderung an den Abt, dass er nicht *nimius*, ein Mensch des Zuviel, ist. In geistlichen wie in weltlichen Dingen soll er unterscheiden und maßhalten. Die weise Maßhaltung des Patriarchen Jakob soll ihm ein Vorbild sein: „Wenn ich meine Herden unterwegs überanstrenge, werden alle an einem Tag zugrunde gehen" (Benediktsregel 64,16-18; Gen 33,13). Die rechte Maßhaltung ist die „Mutter der Tugenden". So wird die Benediktusregel zu einem Modell des rechten Maßes in allen Lebensbereichen, in der Ordnung des Tagesablaufs, der Zeiten und Räume, im Zueinander der Mitglieder der Gemeinschaft.

Wenn Benedikt etwa die Zeit des Aufstehens (zur achten Stunde der Nacht) festlegt, dann will er es „gemäß vernünftiger Überlegung" tun, so dass die Brüder ausgeruht sich erheben (Benediktsregel 8,1f). Das rechte Maß bewahrt vor Einseitigkeit, vor zu großen Forderungen an sich und andere, und es hilft, das gute Vorhaben durchzuhalten.

Im Allgemeinen hat sich im Lauf der Jahrhunderte, vor allem im letzten Jahrhundert, der Lebensstandard der Bevölkerung gesteigert. Heute sind etwa junge Menschen einen solch gesteigerten Lebensstandard von Kindheit an gewohnt. So haben manche es schon als Zumutung empfunden, wenn sie als Novizen nicht im eigenen Zimmer eine Nasszelle haben. Als ich ins Kloster eintrat, also in den fünfziger Jahren des vorigen Jahrhunderts, war man mit der Waschschüssel auf dem Zimmer und einer vierzehntägigen Gelegenheit zu einem warmen Bad durchaus zufrieden. Ähnlich hat sich der Frühstückstisch vom einfachen Malzkaffee und Marmeladebrot zu einem reichhaltigeren Buffet gemausert. Auch hier ist die Suche nach dem rechten Maß immer wieder erforderlich. Der Blick auf die Lebensgewohnheiten der Umwelt muss permanent konfrontiert werden mit der Weisung, sich dieser Welt nicht anzugleichen. Zugleich dürfen günstigere Lebensbedingungen nicht zur Selbstverständlichkeit werden – die allgemeine Wirtschaftslage, aber auch die eigene Einsicht der Gemeinschaft und ihre sozialen Verpflichtungen können eine Reduzierung des bisher Gewohnten erfordern.

Zwei von mir sehr geschätzte Mitbrüder haben ein ungemein hohes Alter erreicht. Der langjährige Prior unseres Klosters, Augustin Engl, der mich als Novizen in das klösterliche Leben eingeführt hatte, starb 1967 im Alter von 95 Jahren. Unser Fr. Fulbert Haggenmiller, der mich in St. Bonifaz als Pförtner bei den ersten Besuchen ins Haus gelassen hatte und der mir später als Subprior, Verwalter und Hausprior zur Seite stand, verschied 2007, ein Jahr vor seinem 100. Geburtstag, friedlich in unserer Mitte. Bei beiden dieser Mitbrüder bestanden einst große Bedenken, sie ins Kloster aufzunehmen wegen ihrer schwächlichen Gesundheit. Aber gerade deswegen hatten beide sich ein sehr maßvolles, geregeltes Leben angewöhnt und sich vor jeder Übertreibung gehütet. Das maßvolle Leben hat ermöglicht, dass sie zu unseren ältesten Mitbrüdern wurden.

O.L.

Gebet und Arbeit

„Die Brüder sollen zu bestimmten Zeiten durch Handarbeit, zu bestimmten Stunden mit heiliger Lesung beschäftigt sein."

BENEDIKTSREGEL 48,1

Uhr in der Wallfahrtskirche Andechs

ORA ET LABORA, „bete und arbeite" ist zu einer Kurzformel des Benediktinischen geworden. Das „und" verbindet zwei verschiedene Elemente zu einer Einheit. Die Regel gibt die Zeiten des gemeinsamen Betens an und gliedert so vom frühen Morgen und der Erwartung des Sonnenaufgangs bis zum abendlichen Abschluss den ganzen Tag durch den Rhythmus des Gotteslobes. Die Regel gibt je nach Jahreszeit die Stunden für die Handarbeit an, durch die die Mönche ihr tägliches Brot erwerben, durch die sie die ihnen anvertraute Schöpfung gestalten, durch die sie „Gott verherrlichen". Sie gibt Zeiten der Lesung, der Meditation, des Freiwerdens für Gott an (Benediktsregel 48).

Für Benedikt hat die Handarbeit einen eigenständigen Wert. Sie ist nicht mehr wie oft in der Antike ein bloßes Muss, eine Sache, die man den Sklaven oder Fremden überlässt. Sie gehört zur Würde des menschlichen Lebens. Diesen Wert hat jegliche Arbeit. Das Ziel benediktinischen Lebens, „dass in allem Gott verherrlicht werde" *(ut in omnibus glorificetur Deus)*, dass in allem Gottes Glanz aufscheinen kann, wird gerade im 57. Kapitel über die Handwerker im Kloster benannt, bei etwas ganz Profanem, beim Verkauf der Erzeugnisse der Handwerker. Freilich

Uhr in der „Schaltzentrale" der Klosterbrauerei Andechs

darf die Arbeit nicht Selbstzweck werden, nur der Selbstbestätigung und Ruhmsucht dienen. In diesem Kapitel wird davor gewarnt, dass einer überheblich wird wegen seines Könnens, wegen seiner Leistung. Wenn einer stolz wird auf das, was er dem Kloster einbringt, dann solle ihm eine andere Arbeit zugewiesen werden. Erst wenn er sich auf das eigentliche Ziel seines Mönchseins besinnt und demütig wird, soll er zur gewohnten Arbeit, zu der er vielleicht besonders geeignet ist, zurückkehren dürfen (Benediktsregel 57,2f).

Niemand soll im Kloster ohne Arbeit sein, aber niemand soll auch von seiner Arbeit erdrückt und ganz in Beschlag genommen werden. Niemand soll müßig sein und sich der Arbeit entziehen. Benedikt möchte, dass auch ältere, kranke, empfindliche Mitbrüder noch eine Arbeit erhalten, ohne dass sie von ihr bedrückt und überfordert werden. Jeder, der eine schwere und zu große Arbeit hat, soll Helfer erhalten. Durch das lateinische Wort für Helfer, *solatia* (Tröstungen), wird das Ziel deutlich: Jeder soll seine Arbeit ohne Angst und Hast, unbeschwert und mit Freude tun können. Solche Freude wird durch die Ausgewogenheit von Arbeit, gemeinsamem Gotteslob und der geistlichen Lesung, dem Freiwerden für Gott in der Stille, grundgelegt. Wenn besondere Umstände etwa beim Ernteeinbringen härtere Arbeit erfordern, dann sollen freilich die Mönche nicht traurig sein. Denn dann sind sie wirklich Mönche, „wenn sie, wie unsere Väter und die Apostel, von ihrer Hände Arbeit leben. Alles aber geschehe der Kleinmütigen wegen maßvoll" (Benediktsregel 48,7–9).

In den meisten Klöstern besteht heute die Gefahr, dass die Arbeit einen zu großen Raum einnimmt. Jedes Kloster hat einen überkommenen Aufgabenbereich, etwa eine Schule oder Pfarrseelsorge, der oft auch mit geringer werdenden Kräften bewältigt werden muss, zumindest für eine Zeit lang. Manchmal steht ein Konvent vor der Frage, ob er nicht eine traditionelle Arbeit aufgeben muss oder sie, vor allem durch neue weltliche Mitarbeiter, bewältigen kann. Hier ergibt sich dann die neue Aufgabe eines guten Miteinanders und einer rechten Motivierung aller Mitarbeiter. Manche klösterlichen Betriebe, wie unsere Andechser Brauerei, werden fast zur Gänze von vielen Mitarbeiterinnen und Mitarbeitern getragen, die zumeist für die Arbeitsmöglichkeit und für die Einbindung in die besondere Prägung eines klösterlichen Werks dankbar sind. Auch hier gilt es immer wieder, das rechte Maß zu finden, welches das Wohlbefinden der Mitarbeiter und die Effizienz der Arbeitsleistung gewährleistet. O.L.

Leitmotiv „Leben nach Maß"

DAS RECHTE MASS ist das Leitmotiv der Regel Benedikts. An ihm orientieren sich alle Lebensbereiche der Mönche. Arbeit und Gebet, Bewegung und Ruhe, Speisen und Getränke, Mahl- und Fastenzeiten, Handarbeit und Lesung, schweigen und reden. Alles soll im rechten Maß vorgenommen werden.

Aber was ist das rechte Maß im Sinne Benedikts? Und wie findet man es?

Bei manchen Themenbereichen seiner Regel schildert der Ordensgründer sehr detailliert, was er für das rechte Maß hält. Die gemeinsamen Gebetszeiten beispielsweise werden bis in alle Einzelheiten geregelt. Auch mit der täglichen Versorgung beschäftigt er sich in seinen Ausführungen sehr genau. Dazu zählt er unter anderem Küchendienste, die Aufgaben der Tischleser und die Mahlzeiten.

In anderen Fällen sind die Vorgaben jedoch nicht bis ins Einzelne festgelegt. Beispielsweise bei „Werkzeug und Gerät des Klosters" oder der „Zuteilung des Notwendigen". Dort heißt es unter anderem „Man halte sich an das Wort der Schrift: ‚Jedem wurde so viel zugeteilt, wie er nötig hatte.' Damit sagen wir nicht, dass jemand wegen seines Ansehens bevorzugt werden soll, was ferne sei. Wohl aber nehme man Rücksicht auf die Schwachen" (Benediktsregel 34,1.2).

Benedikt ist sich sehr bewusst darüber, dass er den einzelnen Klostervorstehern auch Spielräume lassen muss. Eine sehr kluge Entscheidung, denn eine gewisse Gestaltungsfreiheit bringt auch mehr Motivation für den Einzelnen mit sich. Viel mehr, als wenn man sich ausschließlich nach Vorgaben richten muss und nichts selbst entscheiden kann.

Außerdem strebte der Ordensgründer ja eine rasche Verbreitung des Mönchtums an. Andere Standorte brachten auch andere Lebensbedingungen mit sich, so dass man in gewissen klösterlichen Bereichen flexibel bleiben musste und nicht jedes Detail in der Regel festlegen durfte.

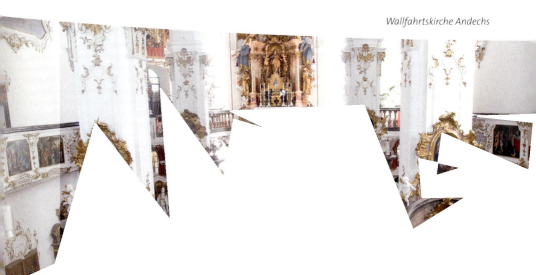

Wallfahrtskirche Andechs

Benedikts Leitmotiv „Das rechte Maß" bedeutet also grundsätzlich, das Zuviel, aber auch das Zuwenig zu vermeiden. Wie das rechte Maß im Einzelfall umzusetzen war, mussten die Klostervorsteher vor Ort entscheiden. So ist es auch heute noch.

Das, was ursprünglich für Ordensleute gedacht war, zeugt von so viel Weitsicht und Menschenkenntnis, dass es nicht nur in Klostergemeinschaften anzuwenden ist. Ein Leben im Maß zu führen ist für jeden Menschen erstrebenswert.

Deshalb sagen Benedikts Weisungen auch uns Menschen außerhalb der Klostermauern sehr viel – wenn wir sie zu deuten wissen.
P. A.

Balance von Arbeit und Muße

„Der Wechsel zwischen Gebet und Arbeit bestimmt unseren ganzen Tagesablauf."
Sr. Fidelis Happach (89)
Benediktinerin im Kloster Bernried am Starnberger See

Klosterbrauerei Andechs

Die Ordensleute haben ihr Leben Gott geweiht. Sie dokumentieren dies sichtbar unter anderem durch die regelmäßigen Gebetszeiten. Aber auch der Ordensmensch kann nicht vom Gebet alleine leben. Er muss auch arbeiten, um den Unterhalt für die Klöster zu verdienen. Dies war bereits Benedikt klar. „Wir wollen also eine Schule für den Dienst des Herrn einrichten", heißt es im Prolog zu seiner Regel (Benediktsregel Prolog, 45). Benedikt schreibt gleichzeitig vor, dass jedes Kloster einen Cellerar haben solle. Nach unserem heutigen Verständnis ist er der Geschäftsführer. Ihm gibt Benedikt mit auf den Weg: „Alle Geräte und den ganzen Besitz des Klosters betrachte er als heiliges Altargerät. Nichts darf er vernachlässigen ... Er vergeude nicht das Vermögen des Klosters, sondern tue alles mit Maß und nach der Weisung des Abts" (Benediktsregel 31,10–12). Klöster hatten also von Anfang an auch Wirtschaftsbetriebe, die durch ihre Einkünfte das monastische Leben überhaupt ermöglichten.

Das grundlegendste Element der Regel Benedikts ist daher die Einteilung des Tages in Gebets- und Arbeitsphasen. Das gemeinsame Gebet regelt er sehr detailliert in 13 Kapiteln. Für Werk-, Sonn- und Festtage, für Sommer und Winter ist genau ausgeführt, wann und wie die Gottesdienste und Gebetszeiten stattzufinden haben.

„Das Gebet hat bei uns oberste Priorität. Wenn die Glocke zum Gebet läutet, müssen wir unsere Arbeit unterbrechen."
P. Aurelian Feser (64)
Prior des Benediktinerklosters Jakobsberg bei Bingen

Nicht nur Anzahl und Zeiten der Gebete legte Benedikt fest, sondern auch, welche Haltung man beim Gottesdienst einnehmen sollte: „... und stehen wir so beim Psalmensingen, dass Herz und

Stimme in Einklang sind" (Benediktsregel 19,7). Und wie ehrfürchtig man beim Gebet sein sollte: „… wenn wir in Lauterkeit des Herzens und mit Tränen der Reue beten" (Benediktsregel 20,3).

Das Gebet soll also konzentriert und demütig vor Gott dargebracht werden. In unsere heutige Sprache übersetzt heißt dies: voll und ganz bei der Sache sein.

Beten ist die eine Sache. Die andere ist die Notwendigkeit, durch Arbeit den Lebensunterhalt zu verdienen, damit die klösterliche Lebensweise überhaupt möglich ist. „Müßiggang ist der Seele Feind. Deshalb sollen die Brüder zu bestimmten Zeiten mit Handarbeit, zu bestimmten Stunden mit heiliger Lesung beschäftigt sein" (Benediktsregel 48,1).

Die Botschaft Benedikts ist klar und auch heute noch aktuell: Alles sollte zur rechten Zeit und in ausgewogenem Maß erfolgen. Eine Botschaft nicht nur für Klostermitglieder.

Sowohl für Ordensleute als auch für uns ist es schwierig, ein Leben nach Maß zu führen, die Balance nicht zu verlieren, nicht aus dem Lot zu geraten.

Moderne Chorkapelle des Klosters St. Bonifaz

Unsere Gesellschaft hat in manchen Dingen das Maß verloren. Hin und wieder hat man den Eindruck, es wird maßlos konsumiert, maßlos kommuniziert und Beziehungen werden maßlos strapaziert.

- Rund um die Uhr können wir konsumieren. Wenn die Geschäfte nicht geöffnet haben, dann übers Internet.
- Immer und überall können wir kommunizieren. Wenn nicht persönlich, dann doch wenigstens telefonisch oder via E-Mail. Weltweit sind wir verdrahtet. So absurd es klingt, aber diese Vernetzung kann auch zu Vereinsamung führen, wenn Menschen nur noch zu Hause vor dem Computer sitzen und sich virtuell austauschen, statt sich persönlich zusammenzusetzen.
- Was auf der einen Seite ein großer Fortschritt ist, führt auf der anderen Seite dazu, dass wir Gefahr laufen, das Maß zu verlieren.

Für ein erfülltes Dasein ist es aber notwendig, ein Leben nach Maß zu führen, die Balance nicht zu verlieren, nicht aus dem Lot zu geraten.

Beobachten Sie sich doch einmal im Verlauf eines Tages, vielleicht sogar einer Woche selbst und machen Sie sich nach Möglichkeit Notizen darüber:

- Wie viel Zeit wende ich für Kommunikation auf?
- Ist das alles notwendig oder kann man es einschränken?
- Wie sieht mein Konsumverhalten aus?
- Kaufe ich ständig, und ist jeder Einkauf sinnvoll?
- Was konsumiere ich außer Gütern – TV, Hörfunk, Videos?
- Wo kann ich reduzieren und auf ein sinnvolles Maß bringen?

Maßzuhalten ist inzwischen auch für Ordensleute schwierig geworden. Früher, noch zur Mitte des letzten Jahrhunderts, war das für die Konvente kein Problem. Die Klöster waren personell gut besetzt und konnten die Arbeitsaufgaben ohne große Schwierigkeiten bewältigen. Es gab genügend Ordensmitglieder, die in den Wirtschaftsbetrieben der Klöster tätig waren. Heute sieht die Sache grundlegend anders aus. Durch die schwindende Anzahl an Klostermitgliedern ist die Aufgabenfülle für die einzelne Nonne oder den einzelnen Mönch gewachsen.

Die fehlenden Ordensleute können nur bedingt durch weltliche Mitarbeiter, die ein Gehalt beziehen und damit wesentlich teurer sind, ersetzt werden. Der Arbeitsdruck hat also auch in den Ordenshäusern enorm zugenommen. Ich treffe in den Klöstern sehr häufig Nonnen oder Mönche, die zwei oder drei Jobs wahrnehmen. Bruder David im Kloster Münsterschwarzach beispielsweise leitet das Personalbüro, ist für das Jugendgästehaus der Abtei verantwortlich und arbeitet noch als Sekretär seines Abts. Schwester Gratia im Kloster Oberschönenfeld steht morgens in der Backstube, um das Brot für die Klosterbäckerei herzustellen, arbeitet ab dem späten Vormittag in der Verwaltung und veranstaltet darüber hinaus auch noch regelmäßig Seminare. Dies sind nur zwei Beispiele von vielen.

Schwierig vorstellbar, dass die Ordensleute am Tag auch noch fünf Gebetszeiten unterbringen, die insgesamt bis zu dreieinhalb Stunden dauern, und damit das „ora et labora" im ausgewogenen Maß praktizieren.

Natürlich kommt es vor, dass der ein oder andere Klosterbewohner auch einmal eine Gebetszeit ausfallen lässt. Er muss dies jedoch gegenüber der Klosterleitung begründen.

Und ich habe es auch schon mehrfach beobachtet, dass ein Ordensmitglied zu spät zum Gebet kam. Auch das passiert. Aber es erregt natürlich Aufsehen, wenn man den Chor betritt und alle anderen bereits ihre Plätze eingenommen haben. So etwas kann man sich nicht oft leisten. Also diszipliniert man sich so, dass man die Gebetszeiten pünktlich einhält. Und dies funktioniert auch trotz mancher Arbeitsüberlastung.

„Ganz selten nehme ich den Alltag mit in die Kapelle. Ich lasse mich tragen durch das Gebet und kann dadurch meine Arbeit gedanklich außen vor lassen."
Sr. Emerita Nuß (74)
Cellerarin des Benediktinerinnenklosters Bernried am Starnberger See

Abstand bekommen, die Arbeit nicht zum einzigen Mittelpunkt des Tages oder vielleicht des ganzen Lebens werden zu lassen, das ist die Idee des „ora et labora", die wir auch uns außerhalb der Klostermauern zu Eigen machen können. Dazu sollten wir uns unseren Tagesablauf vor Augen halten. Wird unser Tag durch die Arbeit dominiert, oder vertrödeln wir vielleicht sogar Zeit und kommen nicht auf Touren?

- Notieren Sie sich einmal die Arbeits- und Ruhephasen eines ganz gewöhnlichen Tages. Sie werden sich schnell auf die Schliche kommen.
- Wer regelmäßig Pausen macht und sich nicht in seine Arbeit verrennt, bekommt andere Ideen und findet neue Lösungsansätze.

Von der Struktur des Klostertags mit klar festgelegten Gebets-, Arbeits- und Ruhezeiten können auch wir profitieren. Sie macht überdies deutlich, dass es sinnvoll ist, für die einzelnen Aufgaben Zeitblöcke vorzugeben.

Wer zahlreiche Verpflichtungen hat, kann diese nur in den Griff bekommen, wenn er sich für die einzelne Aufgabe ein Zeitlimit setzt. So vermeidet man, sich in eine einzelne Sache zu verbeißen und ihr zu viel Zeit zu widmen. Und es ist oft erstaunlich, was man in engen Zeitrastern schaffen kann.

- Schaffen Sie sich ein Tagesraster mit klar definierten Arbeitsphasen.
- Legen Sie in jedem Fall am Mittag eine Pause ein, um Atem schöpfen und neue Ideen tanken zu können.
- Schließen Sie den Arbeitstag am Abend immer zur selben Stunde ab.
- Planen Sie vor dem Schlafengehen noch mindestens zwei Stunden ein, in denen Sie sich mit anderen Dingen beschäf-

tigen. So nehmen Sie die Arbeit nicht gedanklich mit ins Bett.
- Halten Sie sich an das einmal festgelegte Tagesraster und erfinden Sie den Tag nicht immer wieder neu.

Abt Odilo schreibt, dass die Arbeit im Kloster nicht zum Selbstzweck werden und damit nur der Selbstbestätigung und Ruhmsucht dienen soll. In unserer Gesellschaft hat man hin und wieder den Eindruck, manche Menschen definierten sich nur durch ihre Arbeit und den damit verbundenen Status.

Wer der Arbeit durch ein exaktes Tagesraster einen klar umgrenzten Raum gibt, verhindert, dass sie ihn dominiert. Und hat damit die Chance auf einen ausgewogenen Tagesablauf im Sinne des „ora et labora".

Einen weiteren wichtigen Punkt aus der Regel Benedikt erwähnt Abt Odilo: Auch alte, kranke und nicht so belastbare Ordensmitglieder sollen ihre Arbeitsaufgaben haben. So tragen sie ihren Teil zur Gemeinschaft bei und kommen sich nicht unnütz vor.

Kloster St. Bonifaz: Uhr vor der Chorkapelle (li) und im „Freizeitzimmer" (re)

Bei diesem Hinweis sollten wir aufhorchen. Man spricht von der Überalterung der Gesellschaft und betrachtet damit die alten Menschen als eine Last. Klöster profitieren von der Erfahrung der älteren Mitglieder des Konvents und binden sie ein.

Im Sinne Benedikts können auch wir von den Erfahrungen älterer Menschen profitieren:
- Binden Sie ältere Menschen ein. Fragen Sie sie um ihren Rat. Profitieren Sie von deren Erfahrungen.
- Geben Sie älteren Menschen und solchen, die nicht voll belastbar sind, kleine Aufgaben. So helfen sie Ihnen und sind motiviert, weil sie sich nützlich machen können.
- Die Freude, die diese Menschen dabei empfinden, wird auch Ihnen zugute kommen.

P. A.

Balance von Bewegung und Ruhe

„Vermutlich lege ich täglich einige Kilometer auf dem Klostergelände zurück."
P. Theophil Gaus (45)
Benediktiner im Schuldienst in der Erzabtei St. Ottilien

Im Wechsel zwischen Arbeit und Gebet ist gleichzeitig ein Wechsel zwischen Bewegung und Ruhe verankert. Benedikt hat damit in seiner Regel ein ausgeklügeltes System geliefert.

Wenn die Ordensleute arbeiteten, waren sie in Bewegung. Bei körperlichen Tätigkeiten auf dem Feld, im Garten oder bei der Hausarbeit beispielsweise. Selbst die Mönche, die sogenannten intellektuellen Aufgaben nachgingen, etwa im Skriptorium, der

Schreibstube, oder in der Klosterverwaltung, mussten auf den weitläufigen Klosterarealen lange Wege zurücklegen.

Während der Gebetsphasen und Lesungen verharrten sie dagegen in Ruhe. Abgesehen vom Aufstehen und Sich-Verbeugen beim Singen der Psalmen.

So ist mit der Ruhe von der Arbeit gleichzeitig auch ein körperliches Innehalten verbunden.

Zwischenzeitlich haben viele Klöster ihre Ländereien verkauft. Es gibt kaum noch Ordensmitglieder, die Felder bestellen. Und immer weniger, die im Garten arbeiten. So manches Kloster, das ich kenne, muss für die Gartenarbeiten auf weltliche Helfer zurückgreifen. Sr. Fidelis Happach beispielsweise, die in Bernried mit 89 Jahren noch für den Kräutergarten und die Blumenbeete verantwortlich ist, schafft dies nur, weil ihr zwei ehrenamtliche Helferinnen zur Hand gehen. Eine Nachfolgerin aus den eigenen Reihen gibt es nicht. Aber der Garten hält sie fit und beweglich in hohem Alter.

Kloster Andechs

Dies habe ich in Klöstern oft beobachtet. Die Tatsache, dass es so viele körperlich und geistig rüstige alte Menschen in Klöstern gibt, ist auch darin begründet, dass jeder zupacken muss, solange es ihm möglich ist. Jedes Klostermitglied hat seine Aufgaben und Verantwortlichkeiten. Da bleibt man automatisch beweglich.

Aus Not an Personal und Geld mussten die Konvente Grundstücke verkaufen. Dennoch sind Ordensleute auch heute noch viel in Bewegung. Die Klosteranlagen sind weitläufig und müssen sauber und instand gehalten werden. Viele Nonnen und Mönche gehen im Kloster mehreren Tätigkeiten nach und pendeln daher von einem Arbeitsplatz zum anderen. So ist körperlicher Einsatz nach wie vor gefordert. Darüber hinaus gehen Ordensmitglieder mehr und mehr Aufgaben außerhalb des Klosters nach – beispielsweise in sozialen Einrichtungen, in Krankenhäusern oder in der Altenbetreuung –, so dass ihr Bewegungsradius sich ausgedehnt hat.

Kloster St. Bonifaz

Ruhephasen sind also für heutige Ordensmitglieder mindestens genauso wichtig wie zu Benedikts Zeiten. Genauso wie für uns außerhalb der Klöster, die wir vielfach von Termin zu Termin hetzen.

„Wer rastet, der rostet", heißt es im Volksmund. Man könnte dies fast für eine moderne Interpretation der Regel Benedikts halten, der seinen Mitschwestern und –brüdern gleichzeitig mit der körperlichen auch die geistige Bewegung verordnete, aber dennoch darauf achtete, dass sie ihre Ruhephasen einhielten. Ruhephasen sind also für heutige Ordensmitglieder mindestens genauso wichtig wie zu Benedikts Zeiten. Genauso wie für uns außerhalb der Klöster:

- Zunehmende Globalisierung fordert ständige Präsenz. Derjenige, der immer in Bewegung ist, genießt hohes Ansehen. Job- und Wohnortwechsel sind von einer Ausnahme zur Regel geworden, auch auf Kosten von Beziehungen. Wie lässt sich leben, ohne rastlos und ruhelos zu werden und die Wurzeln zu verlieren?
- Die geforderte Flexibilität und Mobilität erzeugt auch Gegenbewegung, sogenannte „couch-potatoes", Menschen im Rückzug, unbeweglich und unflexibel. Die zunehmende Anzahl übergewichtiger Kinder ist ein Zeichen dafür. Wie können wir in Bewegung bleiben, ohne uns überanstrengt zurückzuziehen?

Profitieren Sie vom Wechsel zwischen Ruhe und Bewegung, den das „ora et labora" mit sich bringt.

- Wenn Ihr Tag von Unruhe geprägt ist, gönnen Sie sich wenigstens am Abend eine Stunde Ruhe und einen freien Tag pro Woche.

- Wenn Sie eher einer „statischen" Tätigkeit nachgehen, stehen Sie immer mal wieder vom Schreibtisch auf und machen kleine Wege in Ihrem Betrieb, statt alles per Telefon oder E-Mail abzuwickeln.
- Bleiben Sie auch zu Hause so oft wie möglich in Bewegung. Machen Sie Erledigungen und Einkäufe möglichst zu Fuß. Benutzen Sie die Treppe statt des Aufzugs.
- Wenn Sie eine Ruhephase einlegen, dann versuchen Sie auch, vollkommen zu entspannen, und denken Sie in diesem Moment nicht an die Dinge, die Sie noch zu erledigen haben.
- Alles zur rechten Zeit und im rechten Maß.

P. A.

Das rechte Abwägen

„Deshalb bestimmen wir nur mit einigem Bedenken das Maß der Nahrung für andere."

BENEDIKTSREGEL 40,2

DIE REGEL KÜMMERT SICH auch um das rechte Maß von Speise und Trank. Auch hier gibt es die verschiedenen Zeiten etwa der österlichen Festzeit, der Sonntage und des Fastens. Benedikt warnt vor der Übersättigung, dem Zuviel. Aber er hält es für sinnvoll, zweierlei Speisen zu reichen, damit diejenigen, die etwa eine Speise nicht vertragen oder gar nicht mögen, sich an einer anderen sättigen können. Den Kranken und Schwachen wird das zugebilligt, was den anderen verwehrt ist, zum Beispiel der Genuss von Fleisch (Benediktsregel 39). Das sorgsame Suchen nach dem rechten Maß, das vorsichtige Abwägen wird besonders im 40. Kapitel über das Maß des Getränkes vor Augen gestellt. Benedikt weiß um die Tugend der völligen Enthaltsamkeit vom Alkohol, wie sie den Mönchen in der Wüste selbstverständlich war. Wer sich ganz enthält, empfängt von Gott besonderen Lohn. Aber da Benedikt weiß, wie sehr das den Mönchen seiner Zeit nicht mehr recht vermittelbar ist, sucht er ein gemeinsames Maß, etwa ein Viertel Liter Wein am Tag, festzusetzen. Er tut dies allerdings „mit einer gewissen Ängstlichkeit" *(cum aliqua scrupulositate)*, weil die Menschen so verschieden sind. So zitiert er am Anfang des Kapitels den 1. Korintherbrief: „Jeder hat seine Gabe, der eine so, der andere so" (1 Kor 7,7). Alle Festlegungen für eine Gemeinschaft, alle Gesetze und Normen können ja nie ganz der Eigenart der verschiedenen Menschen und Situationen gerecht werden.

Benedikt selbst räumt in diesem Kapitel ein, dass ungünstige Ortsverhältnisse, schwere Arbeit oder die Hitze des Sommers ein Mehr erfordern. Freilich muss der Obere darauf achten, dass sich nicht Übersättigung oder Trunkenheit einschleichen (Benediktsregel 40,5). Andererseits können die regionalen Bedingungen dazu zwingen, weniger als das angegebene Maß oder vielleicht gar nichts zu geben. „Dann sollen die Mönche Gott preisen und nicht murren" (Benediktsregel 40,8). Das rechte Maß muss also immer wieder neu gesucht werden. Die Rücksicht auf die Schwachen muss verbunden werden mit der entsprechenden Anforderung und damit Förderung der Starken. Benedikt möchte ja, dass durch solche Maßhaltung „die Starken finden, wonach sie verlangen, und die Schwachen nicht davonlaufen" (Benediktsregel 64,19). Es gilt also, in Reden und Schweigen, in Bewegung und Ruhe, in Arbeit und Muße, in Essen und Trinken, in allem das rechte Maß zu finden – im Blick auf das eine gemeinsame Ziel und zugleich auf die Verschiedenheiten der Menschen und Umstände.

Ein mir noch bekannter Abt eines bayerischen Klosters seufzte hin und wieder im Hinblick auf das Pauluszitat im 40. Regelkapitel aus dem 1. Korintherbrief „Jeder hat seine Gabe, der eine so, der andere so": „Wenn nur die So-heit meiner Mönche nicht gar so ausgeprägt wäre." Und fürwahr, auch heute noch finden sich in jedem Kloster Originale, die bei aller Einbindung in die Gemeinschaft sehr bewusst zu ihrer Eigenart stehen. Vielleicht ist dies in einer Zeit, in der so viele Menschen anonymen Trends folgen, auch ein wichtiges Zeugnis.

O.L.

Reden und schweigen

„Wir unterbrechen unser Schweigen hier im Kloster täglich nur für eine halbe Stunde."
Sr. Emmanuela Matoković (38)
Schwester von der Heimsuchung Mariae in Dietramszell

Mit der Vorstellung vom Kloster verbindet man fast automatisch einen Ort, der Ruhe ausstrahlt. Dort herrschen keine lauten Töne. Zum Kloster gehört das Schweigen. Dies hat Benedikt in seiner Regel ganz deutlich ausgeführt: „Mag es sich also um noch so gute, heilige und aufbauende Gespräche handeln, vollkomme-

nen Jüngern werde nur selten das Reden erlaubt wegen der Bedeutung der Schweigsamkeit" (Benediktsregel 6,3).

Von sich aus durften die Ordensleute zu Zeiten Benedikts nicht das Wort ergreifen: „Der Mönch hält seine Zunge vom Reden zurück, verharrt in der Schweigsamkeit und redet nicht, bis er gefragt wird" (Benediktsregel 7,56).

Es gibt auch heute noch ausgesprochene Schweigeorden, zum Beispiel die Kartäuser. Sie sprechen nur an Sonntagen. Oder die Trappisten oder Karmeliten. Aber selbst wenn es sich nicht um einen Schweigeorden handelt, gibt es in jedem Kloster Orte, an denen geschwiegen wird – üblicherweise im Kreuzgang, in der Klausur und im Refektorium, dem klösterlichen Speisesaal.

Der Kreuzgang ist traditionell ein Ort der Stille, in dem die Mönche meditieren oder sich ergehen können.

Die Klausur ist das ganz private Rückzugsgebiet der Ordensleute. Hier sind sie ganz für sich und durch das Schweigen auch bei sich selbst.

Das Schweigen im Refektorium dient dazu, sich voll auf die Speisen, also die Gaben Gottes, zu konzentrieren. Es wird nur zu besonderen Anlässen gesprochen, beispielsweise wenn ein spezieller Gast bei Tisch ist.

Außerhalb der Klostermauern sind wir an vielen Ort einer Dauerberieselung mit Worten ausgesetzt (Autoradio, Fernseher, Mobiltelefon, Werbung in U-Bahn, Bahnhof und an sonstigen öffentlichen Plätzen). Manche Menschen werden ganz nervös, wenn es einmal völlig ruhig wird. Völliges Schweigen ist in unserer auf Kommunikation gepolten Gesellschaft kaum möglich. Schweigen will gelernt sein, ebenso wie Konversation. Aber ist es nicht erleichternd, wenn man einmal nicht „beschallt" wird!

- Hin und wieder sollten wir kleine Schweigephasen einlegen, damit die Bedeutung des einzelnen Worts nicht untergeht.
- Schweigen Sie am Morgen einmal fünf Minuten, bevor Sie in den Tag starten. Und lassen Sie den Tag im Schweigen ausklingen, um sich auf die Nacht vorzubereiten.
- Reden Sie nicht einfach drauflos.
- Bedenken Sie Ihre Worte, bevor Sie sie aussprechen.
- Äußern Sie sich im rechten Maß.

Ordensleute schweigen nach dem letzten Gebet des Tages, der Komplet. Das Schweigen halten sie bis zum nächsten Morgen ein. „Immer müssen sich die Mönche mit Eifer um das Schweigen bemühen, ganz besonders aber während der Stunden der Nacht" (Benediktsregel 42,1).

Am Abend eine Schweigephase, bevor man zu Bett geht. Damit man beruhigt schlafen kann. Das wäre doch was.

Für Benedikt birgt vieles Reden Gefahren in sich. Man soll „seinen Mund vor bösem und verkehrtem Reden hüten" (Benediktsregel 4,51). Er fürchtet Geschwätz „... könnte sich vielleicht einer ... draußen hinsetzen und sich Zeit nehmen für Geschwätz" (Benediktsregel 43,8) .

Darin steckt durchaus sehr viel Wahrheit. Wer viel redet, wird auch vieles von sich geben, das überflüssig ist. Und er wird Gefahr laufen, so manchen mit seinen Worten zu verletzen.

Im Sinne Benedikts sollten wir also auf unsere Worte achten und sie im rechten Maß verwenden. Gelegentliches Schweigen verleiht den Worten besonderes Gewicht.

P. A.

Essen und trinken

„Wir verzichten für uns persönlich auf opulente Speisen und aufwändige Nachtische. Das Essen für uns Schwestern ist einfach, aber schmackhaft. Unsere Gäste aber sollen nur das Beste erhalten."
Sr. Fidelis Happach (89)
Ehemalige Küchenchefin im Kloster Bernried am Starnberger See

Wie Abt Odilo beschreibt, geht Benedikt in seiner Regel auf das Maß der Speisen und Getränke recht detailliert ein. Er zeigt

damit, dass dies bereits zu seiner Zeit ein Thema war. Es menschelte auch damals in den Klöstern. Und auch zu Zeiten Benedikts waren nicht alle Mitglieder eines Konvents so diszipliniert, dass sie das rechte Maß von Speise und Trank für sich persönlich erkannten.

„Nach unserer Meinung dürften für die tägliche Hauptmahlzeit, ob zur sechsten oder neunten Stunde, für jeden Tisch mit Rücksicht auf die Schwäche einzelner zwei gekochte Speisen genügen... Gibt es Obst oder frisches Gemüse, reiche man es zusätzlich" (Benediktsregel 39,1.3).

Benedikts Vorgaben sind sehr weitsichtig. Er erwartete nicht, dass jeder alles mögen oder vertragen würde, und bot zwei Speisen zur Auswahl an. Zusätzlich gab es noch Brot zum Essen. Diese weiteren Kohlehydrate waren besonders sinnvoll zur Stärkung derjenigen Ordensleute, die körperlich arbeiten mussten. Als Beilage gab es frisches Gemüse und zum Nachtisch Obst – wenn der Klostergarten Entsprechendes zu bieten hatte.

Benedikt warnt vor Übersättigung: „Doch muss vor allem Unmäßigkeit vermieden werden; und nie darf sich bei einem Mönch Übersättigung einschleichen." (Benediktsregel 39,7). Dem Ordensvater war klar, dass seine Mitbrüder dann träge und unbeweglich werden würden. Produkte, die den Körper zu sehr belasten, sollten nicht auf den Tisch: „Auf das Fleisch vierfüßiger Tiere sollen alle verzichten, außer die ganz Schwachen."

Zu Zeiten Benedikts war der Verzehr von Fleisch dem Adel vorbehalten und galt als dekadent. Dies war einer der Gründe für das klösterliche Fleischverbot. Benedikt wusste aber auch, dass übermäßiger Fleischgenuss das Verdauungssystem sehr belastete. In den Klöstern wurde stattdessen Fisch gegessen. Wenn ein Kloster nicht an einem fischreichen Gewässer lag, züchtete es selbst Fische. Zahlreiche Fischteiche in der Nähe von Klöstern verweisen noch heute auf diese Tradition.

Produktion und Vertrieb von Lebensmitteln machen es in unserer Gesellschaft möglich, fast überall alles zu essen: Kirschen im Winter, Erdbeeren im Frühjahr, Spargel zu Weihnachten, Maroni an Ostern. Die Frage ist, ob diese ständige Verfügbarkeit auf Dauer ihren Reiz behält oder nicht mit einem Verlust an Lebensqualität einhergeht: Erdbeeren im Sommer waren ein Genuss. Man bekam sie nur zeitlich begrenzt, dafür schätzte man sie sehr. Was dagegen alltäglich wird, verliert seinen Wert. In diesem Sinne sollte man das benediktinische Ernährungsprinzip einmal genau unter die Lupe nehmen. Es ist 1500 Jahre alt, aber noch topaktuell. Seine wichtigsten Elemente werden heute wieder als zeitgemäße Erkenntnisse propagiert. Sie zeigen, wie man sich maßvoll ernähren kann, ohne den Körper zu sehr zu belasten:

Die Ernährungsregeln Benedikts sind auch für uns heute problemlos und mit Gewinn umzusetzen:
- Essen Sie im rechten Maß, aber regelmäßig.
- Essen Sie dreimal täglich, aber immer zur gleichen Zeit.
- Nehmen Sie die letzte Mahlzeit vor 19 Uhr ein, um dem Magen vor dem Schlafengehen genügend Zeit zur Verdauung zu geben.
- Verwenden Sie regionale Produkte.
- Essen Sie das, was die Saison Ihnen gerade bietet.
- Vermeiden Sie übermäßigen Fleischgenuss.
- Fazit: Wenden Sie das rechte Maß bei der Menge der Speisen und der Anzahl der Mahlzeiten an.

Gäste werden im Kloster immer bevorzugt behandelt. Dies betrifft auch die Bewirtung. Oft bekommt man schmackhafte Hausmannskost. Manchmal aber auch feine Menüs. Das hängt davon ab, wer für die Küche zuständig und wie der Etat bemessen ist. Aus Mangel an Nachwuchs haben viele Klöster zwischenzeitlich angestelltes Klosterpersonal. Ich kenne auch Ordensleute, die das Essen täglich geliefert bekommen. Wer auch immer das Essen zubereitet, eigentlich habe ich es regelmäßig erlebt, dass mir im Kloster sehr reichlich aufgetischt wurde. Manchmal sogar zu reichlich. Wenn man bedenkt, dass man als Gast in der Regel inklusive Kaffee und Kuchen am Nachmittag vier Mahlzeiten angeboten bekommt, muss man selbst im Kloster auf das rechte Maß achten.

Abt Odilo verweist darauf, dass Benedikt seinen Mitbrüdern auch Alkohol zugestand. Er war sich offensichtlich im Klaren darüber, dass die völlige Abstinenz von Alkohol kaum durchzusetzen war, denn die Klöster bauten ja auch selbst Wein an und stellten andere Alkoholika her. „Zwar lesen wir, Wein passe überhaupt nicht für Mönche, aber weil sich die Mönche heutzutage nicht davon überzeugen lassen, sollten wir uns wenigstens darauf einigen, nicht bis zum Übermaß zu trinken, sondern weniger" (Benediktsregel 40,6).

Bei meinem ersten Klosteraufenthalt vor vielen Jahren war gerade Fastenzeit. Ich überlegte mir, was ich den Benediktinerinnen auf der Schwäbischen Alb, die ich aufsuchte, mitbringen könne. Rotwein wäre nicht schlecht, dachte ich mir. Hatte aber doch vor allem wegen der Fastenzeit meine Zweifel, ob das ein passendes Geschenk sein könne. Ich traf kurz vor Mittag ein und wurde dann ins klösterliche Refektorium gebeten. Meinen Geschenkkarton Wein hatte ich vorsorglich im Kofferraum gelassen. Neben den Speisen wurden mir auch Getränke angeboten, darunter ein Gläschen Wein, das sich die Nonnen zum Mittagessen regelmäßig genehmigten – Fastenzeit hin, Fastenzeit her. Ich lag mit meinem Geschenk also nicht ganz daneben.

Jedes Kloster handhabt es anders. In manchen Konventen gibt es nur am Sonntagmittag ein Glas Wein, in anderen am Abend auch mal ein Bier. Auch Alkoholprobleme gibt es. Die Vorsteherin eines Klosters erzählte mir vor einer Weile, dass sie über einige Jahre alkoholkrank war und eine Entziehungskur machen musste. Sie hatte das Maß verloren. Diese Probleme machen auch vor den Klosterpforten nicht Halt. Und dann ist es die Aufgabe des Oberen, wie Abt Odilo schreibt, darauf zu achten, dass Maß gehalten wird.

Nicht nur im Kloster. Auch in unserer Welt stehen wir vor der Aufgabe, zwischen Sucht (Abhängigkeit) und Abstinenz (völligem Verzicht) das rechte Maß zu finden. Das gilt für viele Bereiche.

Was Benedikt seinen Mönchen verordnet hat, kann auch für uns gelten:
- Behalten Sie im Auge, wie viel Sie trinken.
- Gegen ein „Gläschen in Ehren" ist sicherlich nichts zu sagen, wenn keine gesundheitlichen Gründe dagegen sprechen.
- Gönnen Sie sich an Festtagen auch mal ein besonderes Getränk.

P. A.

Maßstab für das Alltägliche

„Man verkaufe sogar immer etwas billiger ... damit in allem Gott verherrlicht werde."

BENEDIKTSREGEL 57,8F

DAS MASS SUCHEN HEISST MESSEN, vernünftiges Abwägen der Zeiten und Gewohnheiten und der Verschiedenheit der Menschen. Ist solch beständige Maßhaltung, solch ganz und gar vernünftiges Verhalten nicht doch eine zu rechnerische, zu nüchterne, zu gemäßigte und darum zu mittelmäßige Haltung?

Martin Heidegger hat 1951 einen Gedichtvers von Hölderlin interpretiert – „Voll Verdienst, doch dichterisch wohnet der Mensch auf dieser Erde" –, und er meint, das Vermessen sei das Dichterische des Wohnens. Er meint, im Dichten ereigne sich das „Nehmen des Maßes", die „Maß-nahme, durch die der Mensch erst das Maß für die Weite seines Wesens empfängt". Im rechten Maß, durch die rechten Proportionen finden wir ja auch das Schöne. Aber in dem Gedicht Hölderlins kommt auch der Vers vor: „Giebt es auf Erden ein Maaß? Es giebt keines."

Allegorie auf die Tugend des Maßes, Deckenstuck im Fürstensaal des Kloster Andechs

Unser Rechnen und Messen, unser Maßsuchen nach irdischen Maßstäben, das Abwägen der verschiedenen miteinander konkurrierenden Endlichkeiten muss scheitern. Darum verweist Heidegger auf einen anderen Vers im Gedicht „Der Mensch misset sich … mit der Gottheit". Sie ist das Maß, mit dem der Mensch sein Wohnen, den Aufenthalt auf der Erde unter dem Himmel, ausmisst.

Je mehr wir heute erkennen, dass es kein unbegrenztes Wachstum, keinen unendlichen irdischen Fortschritt gibt, je mehr wir das rechte Maß um des Überlebens der Erde willen finden müssen, desto notwendiger wird der Maßstab des Ewigen, wie ihn

Benedikt in seiner Regel vorgibt. Das rechte Maß etwa zwischen Arbeit und Freizeit kann nur in der Frage nach dem Sinn von Leben und Arbeiten, letztlich in einem transzendenten Ziel gefunden werden. Benedikt gibt es in dem Kapitel über die Handwerker an: „dass in allem Gott verherrlicht werde".

Benedikts Devise ist ein Maßstab für unser alltägliches Leben. Im Jubiläumsjahr 1980 sagte Papst Johannes Paul II. in Norcia, dem Geburtsort Benedikts, Benedikts Weisung könnte „alltäglich, gewöhnlich und gleichsam weniger heroisch" erscheinen als das, was die Apostel und Martyrer in den Ruinen des alten Rom hinterlassen haben. Aber Benedikt habe die Zeichen der Zeit erkannt und die Notwendigkeit, das radikale Programm evangelischer Heiligkeit „in einer gewöhnlichen Form, in der Dimension des täglichen Lebens aller Menschen zu verwirklichen".

Das Heroische sollte normal, alltäglich werden und das Normale, Alltägliche heroisch. *Gloria Dei,* Herrlichkeit, Glanz Gottes, der auch in der geringsten Arbeit aufleuchten kann – das wäre in der Sprache Heideggers „Freundlichkeit, Gnade, die Ankunft der Huld".

O.L.

Das rechte Maß ausloten

„Die Klöster müssen auch für ihr wirtschaftliches Überleben sorgen, deshalb müssen wir uns heute manchen Dingen stellen, die früher nicht denkbar gewesen wären. Aber unsere eigentliche Aufgabe dürfen wir nie aus den Augen verlieren."
Sr. Adelinde Schwaiberger (63)
Barmherzige Schwestern vom hl. Vinzenz von Paul

Abt Odilo wirft die Frage auf, ob ständige Maßhaltung nicht im Grunde zur Mittelmäßigkeit führt. Mit anderen Worten könnte man sagen, ob man dabei nicht kleinkariert wird. Gibt es nicht genügend Beispiele aus der Geschichte, die zeigen, dass Menschen, die aus dem Rahmen gefallen sind, manchmal Großes bewirkt haben. Eben gerade weil sie das Maß überschritten haben.

Wer die Regel Benedikts liest, wird merken, dass es sich dabei nicht um ein strenges Korsett von Vorgaben handelt. Dem Ordensvater war klar, dass jeder Mensch anders und auch jede Klostergemeinschaft unterschiedlich geprägt ist. Dies hatte ihm seine menschliche Erfahrung mit auf den Weg gegeben.

Deshalb gibt er den Klostervorstehern immer wieder Spielräume und Entscheidungsfreiheiten. Der Abt „lasse sich vom Gespür für den rechten Augenblick leiten und verbinde Strenge mit gutem Zureden. Er zeige den entschlossenen Ernst des Meisters und die liebevolle Güte des Vaters" (Benediktsregel 2,24). Der Abt muss also immer das rechte Maß ausloten. Dies ist ein ständiger Prozess.

Seit den Zeiten Benedikts hat sich viel verändert. Benediktinerklöster sind über die ganze Welt verbreitet. Ordensleute leben auf allen Kontinenten, unter ganz unterschiedlichen Lebensbedingungen. Man kann sie nicht über einen Kamm scheren. Ordensmitglieder haben heute viel mehr Außenkontakte als früher. Die wenigsten können sich in die beschauliche Stille des Klosters zurückziehen und sich abschotten. Nonnen und Mönche müssen sogar Öffentlichkeitsarbeit machen. Für ihre Lebensform, ihre Wirtschaftsbetriebe beispielsweise. Sie dürfen sich dabei aber von der Öffentlichkeit nicht vereinnahmen lassen.

Porta cæli: „Tür zum Himmel", Seitentor der Basilika St. Bonifaz

„Orden müssen es noch viel mehr lernen, Öffentlichkeitsarbeit zu betreiben. Wir müssen unsere Aufgaben und Botschaften mehr nach außen vermitteln."
Abtprimas Notker Wolf (69)

Ich erlebe in Klöstern, dass sich Mitglieder der Konvente immer wieder die Frage stellen, was noch zu ihrer Spiritualität passt. Hier gilt es, das rechte Maß ständig auszuloten. Dies ist in Konventen nicht anders als außerhalb der Klostermauern. Auch für uns heißt es, flexibel zu bleiben, Vorgaben und Regeln immer wieder einmal auf den Prüfstand zu heben und das rechte Maß zu überdenken. Man kann daher von den Klöstern lernen, indem man

sich nicht in ein einmal erstelltes Konzept verbeißt, sondern es regelmäßig auf seine Tragfähigkeit hin überprüft, dabei aber seinen Grundprinzipien immer treu bleibt.

P. A.

III. Grundhaltungen einüben

Die Werkzeuge der spirituellen Kunst

IN KAPITEL 4 SEINER REGEL listet Benedikt die „Werkzeuge der geistlichen Kunst" auf. Er beginnt mit dem für ihn wichtigsten, nämlich Gott zu lieben. „... mit ganzem Herzen, mit ganzer Seele und ganzer Kraft" (Benediktsregel 4,1). Gleich an zweiter Stelle steht, den Nächsten zu lieben wie sich selbst.

74 Punkte gibt Benedikt seinen Mitbrüdern mit auf den Weg. Darunter, sich den Genüssen nicht hinzugeben, Arme zu bewirten, Kranke zu besuchen, den Feind zu lieben und nicht stolz zu sein.

Zusammengefasst bedeutet dies, sich von allen menschlichen Schwächen loszusagen. Und wie Benedikt es formuliert: „Das eigene Tun und Lassen jederzeit (zu) überwachen" (Benediktsregel 4,48). Fast unmenschlich kommt einem diese Liste vor. Keine undichte Stelle hat Benedikt außer Acht gelassen. Bedarf es nicht fast übermenschlicher Kräfte, diese Vorgaben einzuhalten?

Auf den ersten Blick könnte man dies meinen. Wenn man sich die einzelnen Punkte aber einmal genauer betrachtet, merkt man, dass es sich hier um Regeln handelt, die im Umgang miteinander selbstverständlich sein sollten – auch für uns. Viele davon haben wir verinnerlicht, ohne groß darüber nachzudenken. Egal, ob wir im Kloster leben oder nicht. Und so sind Benedikts „Werkzeuge der geistlichen Kunst" auch zu verstehen: ein Kodex des respektvollen Umgangs miteinander, um das menschliche Zusammenleben überhaupt zu ermöglichen.

P. A.

Eine Schule des Hörens

„Neige das Ohr deines Herzens"

BENEDIKTSREGEL PROLOG, 1

DAS SOLL BEIM NEUEINTRETENDEN vor allem geprüft werden, ob „er wirklich Gott sucht" (Benediktsregel 58,7). Denn das ist das Ziel des klösterlichen Lebens, des christlichen Weges schlechthin: sich gemeinsam auf den Weg zu machen, die Umkehr, die Hinwendung zu Gott zu vollziehen. Erste Voraussetzung dafür ist das Horchen. Mit diesem Wort beginnt die Regel in ihrem Prolog: „Horche mein Sohn auf die Weisung des Meisters, neige das Ohr deines Herzens… So kehrst du durch die Mühe des Gehorsams zu dem zurück, den du durch die Trägheit des Ungehorsams verlassen hast" (Prolog 1f).

Das Kloster will also zunächst eine Schule des Hörens sein. Benedikt lebt aus der Grundüberzeugung, dass der Mensch ein von Gott Angesprochener, ein Angerufener ist. Das ist nicht selbstverständlich, denn wir leben gerade heute in einer Welt des Lärms, der vielen Appelle und Angebote, der vielen verlockenden Stimmen, die uns in ganz verschiedene Richtungen ziehen.

Und wir verspüren in uns vielfältiges Verlangen und Begehren, eine Menge von Vorstellungen der eigenen Fantasie. Und doch ist da eine Stimme, die wir so leicht überhören und der wir uns, wenn wir sie vernehmen, auch verschließen können. Darum erinnert Benedikt an den Psalm 95: „Heute, wenn ihr seine Stimme hört, verhärtet eure Herzen nicht." Und den Anruf von Psalm 34 – „Kommt, ihr Söhne, hört auf mich" – verbindet er mit dem Bild aus dem Gleichnis vom Gutsbesitzer, der immer wieder auf den Markt geht, um Arbeiter für seinen Weinberg anzuwerben (Mt 20,1ff). Diese Einladung knüpft an die tiefste Sehnsucht des Menschen an, wieder mit einem Vers aus Psalm 34: „Wer ist der Mensch, der das Leben liebt und gute Tage zu sehen wünscht?" Wo der Mensch antwortet „Ich", gibt der Herr die Weisung: „Wende dich ab vom Bösen und tue das Gute; suche den Frieden und jage ihm nach." Dann gibt der

Herr die Zusicherung seiner Gegenwart: „Ich bin da." Und der Mensch erfährt dieses Wort des Herrn, der uns einlädt, als das Beglückendste: „In seiner Güte zeigt uns der Herr den Weg des Lebens."

Wer sich auf dieses Hören einlässt, steht dann vor der Aufgabe, das Gehörte in freier Entscheidung zur Tat werden zu lassen. Horchen wird zum Gehorchen. Gehorsam hat für uns gewöhnlich keinen guten Klang mehr, da er zu oft missbraucht worden ist. Oder wir meinen, er sei einfach eine Sache der Bequemen und Schwachen. Aber für Benedikt ist es umgekehrt: Ungehorsam ist Trägheit, Nachlässigkeit gegenüber dem Anruf dessen, was aus mir werden soll, was Gott in die Welt hineingelegt hat, dass sie sich entfalte und im Guten vollende. Horchen und gehorchen aber ist Anstrengung und Mühe, alle Selbstgenügsamkeit des Bestehenden zu verlassen und das zu erfüllen, was Gabe und Aufgabe des schöpferischen Ursprungs ist. Wahrer Gehorsam ist so die Antwort auf den Anruf Gottes. Aller Widerstand gegen Mächtige der Erde, gegen Tyrannen und gegen den Terror von Zeittendenzen und Propagandawellen wurzelt im Gehorsam gegenüber einer höheren Instanz.

Für ein solches Hören will die Ordnung des Klosters Raum schaffen. Der Anruf Gottes begegnet uns vor allem in der Heiligen Schrift, denn „jedes von Gott beglaubigte Wort des Alten und Neuen Testamentes" ist „eine verlässliche Wegweisung für das menschliche Leben" (Benediktsregel 73,3). Das uns von außen zugesprochene oder im Buch lesbare Wort Gottes muss freilich im Inneren ergriffen, als Wahrheit des Herzens erfasst, durch den „inneren Lehrer" Christus beglaubigt werden. Darum will Benedikt bestimmte Stunden des Tages für die Heilige Lesung freihalten.

Um freilich nicht der Selbsttäuschung, der willkürlichen und eigenmächtigen Auslegung des Wortes Gottes zu erliegen, um nicht verschiedenartigen, auseinanderdriftenden Interessen preisgegeben zu sein, sehnen sich die Mönche danach, „dass ein Abt ihnen vorstehe" (Benediktsregel 5,12). Es ist ein Akt des Glaubens, dass den Mönchen durch den Abt, den sie gewählt haben, der Herr selber etwas zuspricht. So leben sie nicht nach eigenem Gutdünken und können gemeinsam die Weisung Gottes erfüllen. Benedikt spricht im 71. Kapitel davon, dass die Brüder auch gegenseitig einander gehorchen sollen, dass sie so „auf dem Weg des Gehorsams zu Gott gelangen". Auch der Abt soll auf den Rat der Brüder hören.

Gehorsam ist nur sinnvoll, wenn er im Letzten auf Gott gerichtet ist. Wir dürfen deshalb sorgsam darauf achten, wo Gott uns durch Menschen etwas zusprechen will. Gewiss legt darum die Regel einen freudigen, willigen, unverzüglichen Gehorsam nahe, der ohne Murren und innere Widerrede geleistet wird. Es ist das Eintreten in die Lebensform Jesu: „Ich bin nicht gekommen, meinen Willen zu tun, sondern den Willen dessen, der mich gesandt hat" (Joh 6,38). So sehr in der Gesellschaft und in jeder Gemeinschaft zum Funktionieren Befehle und Weisungen und ihre Befolgung unerlässlich sind, gewinnt dieser Gehorsam, der auf Gott blickt, eine andere Dimension. Der Mensch lebt nicht nur für sich nach eigenem Gutdünken, sondern er sucht in seinem Leben den Auftrag eines Höheren zu erfüllen. Nach diesem Auftrag freilich müssen wir immer neu fragen. Solcher Gehorsam vollzieht sich darum auch sinnvoll nur im Dialog, weil uns in jedem ein Anruf Gottes begegnen kann. O.L.

Aufeinander hören

„Der Gehorsam ist für viele im Kloster das schwierigste der Gelübde."
P. Aurelian Feser (64)
Prior des Klosters Jakobsberg bei Bingen

Der Gehorsam ist eines der Gelübde, die Nonnen und Mönche bei der ewigen Profess, also der endgültigen Aufnahme in die Klostergemeinschaft, ablegen. In dem Begriff Gehorsam steckt das Wort „hören". Abt Odilo schreibt, dass das Kloster eine Schule des Hörens sein will. Im monastischen Sinne ist dies vor allem das Hören auf Gott.

Hören ist aber nicht nur für Ordensleute ein wesentlicher Punkt, sondern auch für uns außerhalb der Klostermauern eine wichtige Grundhaltung. Hören auf das, was mir andere sagen. Aber auch auf das, was mir mein Innerstes sagen will.

- Gehorsam sein, also zuzuhören, bedeutet nicht gedankenloses Befolgen dessen, was mir andere sagen.
- Es bedeutet vielmehr, aufmerksam zu sein, hin- und nicht wegzuhören.
- Es bedeutet, den anderen zu beachten, ihm sein Gehör zu schenken.
- Und es bedeutet, das Gehörte in sich aufzunehmen und für sich zu deuten.

In Benedikts Liste der „Werkzeuge der geistlichen Kunst" finden sich zwei Punkte, in denen er explizit auf das Thema „Hören" eingeht: Die Mönche sollen „heilige Lesungen gern hören" (Be-

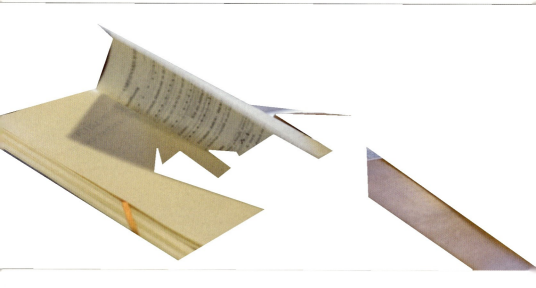

nediktsregel 4,55) und „den Weisungen des Abts in allem gehorchen ..." (Benediktsregel 4,61).

Gehorsam ist in unserer die Individualität betonenden Gesellschaft ein Begriff mit negativem Beigeschmack. Schon unsere Kinder werden zur Eigenständigkeit erzogen und dazu, ihren eigenen Willen zu bekunden. In welcher Form kann Benedikts Verständnis von Gehorsam für uns Gültigkeit haben?

Für den Ordensvater ist der Gehorsam der erste Schritt zur Demut. „Der erste Schritt zur Demut ist Gehorsam ohne Zögern" (Benediktsregel 5,1). „Daher verlassen Mönche sofort, was ihnen gerade wichtig ist, und geben den Eigenwillen auf ... Schnellen Fußes folgen sie gehorsam dem Ruf des Befehlenden mit der Tat" (Benediktsregel 5,7.8). Anders, als man auf den ersten Blick meinen mag, ist dies kein Aufruf zum freudlosen Befolgen und Duckmäusertum. „Ein Gehorsam dieser Art ist nur Gott angenehm und für die Menschen beglückend, wenn der

Befehl nicht zaghaft, nicht saumselig, nicht lustlos oder gar mit Murren oder Widerrede ausgeführt wird" (Benediktsregel 5,14).

Ohne Murren zu gehorchen, das fällt selbst Klosterleuten nicht immer leicht. Ich habe so manchmal in Klöstern hinter vorgehaltener Hand Beschwerden über Anordnungen der Klostervorsteherin oder des Klostervorstehers gehört. In manchen Fällen ist das Unbehagen über Entscheidungen „von oben", deren Sinn wohl nicht klar vermittelt wurde, schon beim Betreten eines Klosters spürbar. Es herrscht dort dicke Luft.

Genauso wie in manchem weltlichen Unternehmen.

Hören bedeutet im Sinne einer modernen Unternehmenskultur:
- Teamorientierung
- Maßnahmen zu erläutern, nicht einfach anzuordnen
- die Mitarbeiter in Entscheidungen mit einzubeziehen und sie damit auch zu motivieren.

Deshalb ist das Hören auch für Führungskräfte so wichtig. Unabhängig davon, ob sie im Kloster leben oder ein Wirtschaftsunternehmen leiten.

Gleiches gilt auch für Familien. Zwar ist das autoritäre Familienoberhaupt, auf dessen Anweisungen jeder hören musste, zum Glück aus der Mode gekommen. Aber das Hören aufeinander ist in der Familie unverzichtbar. Manchmal spürt man gleich auf Anhieb, dass die Stimmung auf dem Nullpunkt ist. Menschen reden aneinander vorbei, hören aber nicht aufeinander.

In der Familie sind Entscheidungen „von oben" nicht mehr angesagt:
- Besprechen Sie sich mit allen Familienmitgliedern, wenn eine wichtige Entscheidung ansteht.
- Halten Sie alle informiert.
- Überlegen Sie gemeinsam, wie Sie Aufgaben verteilen können.
- Indem Sie Verantwortung weitergeben, entlasten Sie sich selbst und zeigen dem anderen, dass Sie ihn für kompetent halten.

Jeder Mensch, egal, welche Position er bekleidet, sollte das Hören nicht vergessen und damit dem anderen Respekt bezeugen. Er soll dann, wie Abt Odilo schreibt, das Gehörte in freier Entscheidung zur Tat werden lassen. Aber er sollte es nicht vom Tisch wischen. Für Nicht-Ordensleute lautet die Botschaft gleichermaßen wie für Ordensmitglieder, den anderen zu beachten und sich ihm nicht zu verschließen.

P. A.

Das Schweigen

„Der Mönch hält seine Zunge zum Reden zurück, verharrt in der Schweigsamkeit und redet nicht, bis er gefragt wird."

BENEDIKTSREGEL 7,56

„DER MÖNCH HÄLT SEINE Zunge vom Reden zurück, verharrt in der Schweigsamkeit und redet nicht, bis er gefragt wird. Zeigt doch die Schrift: beim vielen Reden entgeht man der Sünde nicht, der Schwätzer hat keine Richtung auf Erden" (Benediktsregel 7,56-58). Was hier als neunte Stufe der Demut angegeben ist, wird im 5. Kapitel der Regel noch näher ausgeführt. Da ist von der Bedeutung und dem Gewicht der Schweigsamkeit die Rede: Mag es sich um noch so gute, heilige und aufbauende Gespräche handeln, vollkommenen Jüngern werde nur selten Reden erlaubt, wegen der Bedeutung der Schweigsamkeit. Steht doch geschrieben: beim vielen Reden wirst du der Sünde nicht entgehen; und an anderer Stelle: „Tod und Leben stehen in der Macht der Zunge" (Benediktsregel 6,3f; vgl. Spr 10,19; 18,21).

Das Schweigen steht nicht im Gegensatz zu Sprechen und Reden, es ist auch nicht Selbstzweck, denn die Sprache ist uns von Gott gegeben. Schweigen geschieht gerade um der Würde des Wortes willen. Im Vielreden, im Geschwätz geht die Kraft des Wortes verloren, ist es entwertet. Die Flut der Worte und Bilder in unseren Medien stellt so vieles nebeneinander und überdeckt das wirklich Wesentliche mit einer Menge von Belanglosigkeiten. Und so können auch wir pausenlos reden und dabei doch nichts sagen. Vor allem aber führt das unkontrollierte Reden zur Sünde, indem Wahr und Falsch, Gut und Böse nicht mehr unterschieden werden. Darum heißt es auch bei der 11. Stufe der Demut, dass der Mönch „ruhig und ohne Gelächter, demütig und mit Würde wenige und vernünftige Worte" spricht. „Den Weisen erkennt man an den wenigen Worten" (Benediktsregel 7,60f).

Wenn die Regel davon spricht, dass der Mönch nicht redet, bis er gefragt wird, ist damit das Kriterium angegeben, wann wir reden sollen. Menschliche Rede ist im wesentlichen Antwort. Weil wir angesprochen werden, können und dürfen wir antworten. Gebet, Lobpreis und Dank sind die Antwort auf Gottes Anrede. Unsere Sprache bildet sich, weil andere Menschen uns anreden, sich uns zuwenden und wir antworten. So oft freilich reden wir an anderen vorbei, geben Antworten, wo gar keine Frage war oder wo wir die Frage nicht richtig verstanden haben. Oft freilich sind wir gefragt, auch ohne dass unser Ohr ein äußeres Wort erreicht hat. Da ist das traurige Gesicht, das nach einer Tröstung fragt, da ist die Not

und Krankheit, die nach einer Hilfe verlangt. Da ist der suchende Blick, der nach einer Orientierung Ausschau hält für den räumlichen oder geistigen Weg. Da ist das ungebärdige Benehmen, das nach einer Korrektur, einer Zurechtweisung verlangt. Aber um all das zu vernehmen, braucht es die Achtsamkeit, die Hörbereitschaft des Herzens.

Um des rechten Hörens und um des rechten Sprechens willen bedarf es also des Schweigens. Hier wird deutlich, dass Schweigen nicht Verschlossenheit bedeutet, Gleichgültigkeit, Stumpfheit, sondern gesammelte Aufmerksamkeit. Für Benedikt sind darum die Zeiten des Schweigens so wichtig. Da ist das nächtliche Schweigen: Nach dem Nachtgebet darf niemand mehr sprechen. Da soll beim gemeinsamen Mahl tiefes Schweigen herrschen, damit die Lesung, die geistige Nahrung, aufgenommen werden kann. Benedikts Schweigen fast den ganzen Tag über mag manchen rigoros erscheinen und wird in vielen Klöstern auch nicht in der ganzen Strenge gehalten. Aber wie wichtig das Schweigen für unsere Zeit ist, mag ein Zitat von Botho Strauss belegen: „Der Dichter ist die schwache Stimme in der Höhle unter dem Lärm." Dazu bemerkt Uwe C. Steiner: „Eine gewaltige akustische Glocke überwölbt die gegenwärtige Welt – eine Glocke aus Rauschen und Lärm. Es schallt aus allen Ecken …. Kommunikation war der Versuch, das Schweigen der Stimmen in der Vertikale durch die Vernetzung in der Fläche zu kompensieren." Was von der schwachen Stimme des Dichters gesagt wird, gilt umso mehr von der gegenüber dem Rauschen und Lärm der gegenwärtigen Welt scheinbar so leisen, schwachen und doch machtvollen Stimme Gottes. Das Schweigen ermöglicht unser Hören und unser Antworten.

O.L.

Mit Bedacht kommunizieren

„Das Schweigen hier im Kloster empfinde ich als große Erleichterung."
Sr. Paulinia Baumgartner (73)
Steyler Missionarin

Schweigsamkeit geht mit dem Hören einher. Nur wenn man selbst nichts redet, kann man dem anderen zuhören. „Eine Geste sagt mehr als tausend Worte", heißt es im Volksmund. Man muss nicht immer alles mit einer Flut von Worten begleiten, sondern kann diese oft durch eine einfache Geste ersetzen.

Es gibt Menschen, die auf ihre Gesprächspartner einreden, sie so „zutexten", dass am Ende nur noch Worthülsen herauskommen. Eigentlich interessiert es sie gar nicht, was der andere denkt oder meint. Sie brauchen nur jemanden, dem sie ihre eigenen Ansichten der Dinge mitteilen, an den sie hinreden können. Solche Menschen mögen am Anfang unterhaltsam sein, am Ende ermüden sie jedoch einfach nur, und man versucht, ihnen auszuweichen.

Abt Odilo schreibt, dass Schweigen um der Würde des Wortes willen geschieht. So sah es auch Benedikt. Aus diesem Grund widmete er in seiner Regel dem Schweigen ein eigenes Kapitel und geht auch an anderen Stellen immer wieder auf die Schweigsamkeit ein.

Wir sind in unserer von Informationen überfluteten Gesellschaft oft kaum noch in der Lage zu schweigen. Als ich vor einigen Jahren meinen ersten Schweigekurs im Kloster machte, konnte ich beobachten, welche Schwierigkeiten die einzelnen Teilnehmer am Anfang damit hatten. Viele wurden unruhig, versuchten die Stille durch Bewegungen zu durchbrechen und liefen auf dem Klostergelände auf und ab. Manche kicherten unablässig in sich hinein. Andere konnten sich während der gemeinsamen Treffen kaum ruhig halten. Man sah ihnen förmlich an, wie die Worte aus ihnen herauszudrängen versuchten.

Auch ich hatte zu Beginn große Probleme. Besonders während der gemeinsamen Mahlzeiten. Wo sollte ich hinschauen, und wie sollte ich mich meinen Tischgenossen verständlich machen, um sie zu bitten, mir eine Schüssel zu reichen. So schaute ich, dass ich die ersten Mahlzeiten so rasch wie möglich hinter mich brachte.

Mit der Zeit lernte ich das Schweigen jedoch zu schätzen. Ich fühlte mich nicht mehr verpflichtet, Konversation zu machen, ein Gespräch in Gang zu halten. Und ich konnte auf dem Gang die anderen Kursteilnehmer mit einem Nicken freundlich begrüßen, ohne stehen bleiben und Worte wechseln zu müssen. Irgendwie fühlte ich mich erleichtert.

Das Ende des Seminars nahm ich mit Bedauern zur Kenntnis, denn ich „musste" ja nun wieder reden. Es wurde mir in dieser Zeit einmal mehr deutlich vor Augen geführt, wie viel verbalen Müll wir täglich produzieren und wie belastend Worte sein können. Sowohl wenn man sie sprechen als auch wenn man sie hören muss.

Viele Menschen sind „kommunikationsabhängig". Das habe ich beispielsweise auf einer Tagung mit jungen Unternehmern erlebt. Während der gesamten Zeit waren einige mit ihren Mobiltelefonen beschäftigt. Sie empfingen E-Mails und beantworteten sie auch ständig. So vermittelten sie den anderen Teilnehmern, dass es interessantere Dinge für sie gab als die Tagung. Diese Menschen wirkten wie Suchtabhängige. Sie waren nicht in der Lage, ihr Gerät für eine Stunde abzuschalten und nicht erreichbar zu sein. Sie waren abhängig davon.

Benedikt kannte unsere modernen Kommunikationsmittel nicht. Aber seine Aussagen scheinen genau für Menschen unserer Zeit gewählt zu sein.

- Kluge Menschen setzen ihre Worte mit Bedacht und reden nicht einfach darauf los.
- Denken Sie vorher über das nach, was Sie sagen wollen.
- Überlegen Sie, wie Sie etwas sagen.
- Machen Sie Pausen.
- Überhäufen Sie Ihre Gesprächspartner nicht mit Worthülsen und Sie werden sehen: Man wird Ihnen viel aufmerksamer zuhören.

Benedikt zitiert in seinem Kapitel über die Schweigsamkeit die Bibel: „Steht doch geschrieben: ... Tod und Leben stehen in der Macht der Zunge" (Benediktsregel 6,4.5).

Worte können alles bewirken. Sie können demütigen, verletzen, vernichten. Aber auch aufmuntern, motivieren, beglücken. Deshalb ist das Schweigen im Sinne Benedikts so wichtig, um über seine Worte nachzudenken und sie mit Bedacht einzusetzen. P. A.

Die zwölf Stufen der Demut

„Laut ruft uns, Brüder, die Heilige Schrift zu: Wer sich selbst erhöht, wird erniedrigt, wer sich aber selbst erniedrigt, wird erhöht werden."

BENEDIKTSREGEL 7,1

DAS GRUNDLEGENDE UND LÄNGSTE Kapitel der Benediktsregel handelt von der Demut. Zusammen mit den Kapiteln über Gehorsam (5) und Schweigsamkeit (6) und der Benennung der christlichen, monastischen Grundhaltungen, den „Werkzeugen der geistlichen Kunst" (4), gibt das 7. Kapitel in zwölf Stufen der Demut eine Weisung, wie der Mönch den Weg zu Gott und zur Vereinigung mit ihm findet.

Die zwölf Stufen sind nicht als eine Reihenfolge zu verstehen, sondern stellen verschiedene Aspekte vor Augen, wie der Mönch sein Verhältnis zu Gott einüben kann. Demut ist für den Menschen, der auf Leistung, auf Selbstverwirklichung und Selbstbehauptung, auf den erfolgreichen Aufstieg hin orientiert ist, ein Fremdwort. Aber dieses Wort drückt die Grundhaltung des Menschen vor Gott aus, wie es die Heilige Schrift darlegt im Lobpreis der Armen, die ihr ganzes Vertrauen auf Gott setzen und von seinen Verheißungen getröstet werden: „Die Armen sollen essen und sich sättigen, den Herrn sollen preisen, die ihn suchen" (Ps 22,27). Sie beugen sich unter den Willen des Herrn.

Von dem künftigen Friedenskönig heißt es: „Er ist demütig und reitet auf einem Esel" (Sach 9,9). Das erfüllt sich in Jesus, dem Gottessohn, der sich selbst erniedrigt und uns dadurch erlöst, der uns zuruft: „Lernt von mir, denn ich bin sanft und von

Turm der Wallfahrtskirche Andechs

Herzen demütig" (Mt 11,29). Darum beginnt das 7. Kapitel mit einem Grundwort Jesu: „Wer sich selbst erhöht, wird erniedrigt, wer sich aber selbst erniedrigt, wird erhöht werden." Das sagt Jesus am Beispiel der Gäste, die sich die ersten Plätze aussuchen (Lk 14,7–11), am Beispiel von Pharisäer und Zöllner im Tempel (Lk 18,9–14) und in der Auseinandersetzung mit den Schriftgelehrten und Pharisäern (Mt 23,2–12).

Wird hier also das Streben des Menschen nach Höherem, nach Selbstentfaltung, nach Aufstieg diskreditiert? Wird dem Menschen ein Minderwertigkeitsgefühl eingeredet und er zu einer buckeligen Demut angeleitet?

Demut, Kleinwerden geschieht hier um des Großen willen. Das wahrhaft Große, die Majestät eines Berges, die Erhabenheit eines gotischen Doms, die gewaltige Musik einer großen Sinfonie werden wahrgenommen, wenn wir uns dieser Größe ganz öffnen und dabei auch unsere Kleinheit spüren. Die Erfahrung solcher Größe drückt nicht nieder, macht uns nicht unglücklich wegen unserer Kleinheit, sondern erhebt uns. Dann verstellt uns unser Pochen auf eigene Leistung und Geltung nicht den Blick auf das, was wahrhaft groß und schön ist und sich uns schenkt. Demut lässt sich beschenken und dadurch beglücken.

Darum lässt Benedikt auf der ersten Stufe der Demut den Menschen „die Vergessenheit fliehen", die Blindheit für das wahrhaft Große, für Gott. Die Gegenwart des großen Gottes soll uns vor Augen stehen. Es ist die Gottesfurcht, die der Anfang der Weisheit ist. Demütig setzt sich der Mensch dem Blick Gottes aus, dem liebenden Angeschautwerden durch Gott. Denn der Herr kennt die Gedanken der Menschen (Ps 94,11). So ist dieses demütige Bewusstsein von der Gegenwart des großen Gottes in meinem kleinen Leben zugleich die Überwindung aller stolzen Überheblichkeit und zugleich tröstliche Überwindung aller Verzagtheit und Angst.

Benedikt nimmt als Bild für das Geheimnis der befreienden Demut das der Jakobsleiter, jener Treppe, die dem Patriarchen Jakob im Traum erschien und auf der Engel herab- und hinaufsteigen. Für Jakob ist ja diese Leiter der tröstende Zuspruch, dass der Herr gegenwärtig ist und mit ihm geht. Da ist „Haus Gottes und Tor des Himmels" (Gen 28,12–17). Diese Verbindung von Himmel und Erde ist in Jesus vollendet: „Ihr werdet den Himmel geöffnet und die Engel Gottes auf- und niedersteigen sehen über dem Menschensohn" (Joh 1,51).

An dieser Himmelsleiter, an Jesus selber wird deutlich, dass die Erlösung und Erhöhung des Menschen durch das Herabsteigen, durch die Demut Gottes geschieht. Darum ist für den Menschen Voraussetzung für den Aufstieg zu Gott nicht eigene Leistung und eigene Kraft, sondern das Annehmen und das Nachahmen der Demut des Gottessohnes. Benedikt sieht in dieser von Gott errichteten Himmelsleiter ein Bild für ein demütiges Leben. Die Holme, in die die Sprossen eingefügt werden, sind Leib und Seele des Menschen. Der Weg zu Gott ist der Weg des ganzen Menschen mit Leib und Seele. Inneres drückt sich auch im Äußeren, Körperlichen aus; in der körperlichen Haltung, etwa in der Vermeidung ungehörigen Lachens oder in der Neigung des Hauptes, wird auch eine innere Haltung eingeübt. Das Entscheidende ist die Nachahmung Christi, vor allem seines Gehorsams gegenüber der Sendung des Vaters, seines Gehorsams bis zum Tod. Diese Haltung erreicht in der vierten Stufe der Demut einen Höhepunkt: Gehorsam, auch „wenn es hart und widrig zugeht", das „bewusste Umarmen der Geduld". Es ist Teilhabe am

Opfer Christi: „Um deinetwillen werden wir den ganzen Tag dem Tode ausgesetzt, behandelt wie Schafe, die zum Schlachten bestimmt sind" (Ps 44,23; Röm 8,36). Zugleich ist es die Spitze der Bergpredigt: „Auf die eine Wange geschlagen, halten sie auch die andere hin" (Mt 5,39).

So gibt Benedikt in den zwölf Stufen Aspekte an, wie der Mensch sich von aller Überheblichkeit befreien und sich in die Haltung Jesu vertiefen kann. Solche Haltung der Demut verwandelt den Menschen, befreit ihn vom Gewicht des Sorgens und Kreisens um das eigene Ich. So wird der Mönch zu jener „vollendeten Gottesliebe gelangen, die alle Furcht vertreibt". Die Weisung des Evangeliums kann dann „ganz mühelos, gleichsam natürlich … aus Liebe zu Christus, aus guter Gewohnheit und aus Freude an der Tugend" beobachtet werden. Der Herr erweist es an seinem Arbeiter, „schon jetzt gütig durch den Heiligen Geist" (Benediktsregel 7,67–70). Demut, das Kleinseinkönnen, das Sich-Beugen vor dem Größeren, der Mut zum Dienen, *humilitas,* das Herabsteigen des Himmels zur Erde, all das drückt nicht nieder, beschwert nicht, sondern macht leicht. Es ist die Leichtigkeit der Antwort auf die Scherzfrage, warum Engel fliegen können: „Weil sie sich nicht so wichtig nehmen."

O.L.

Einklang mit sich selbst, Achtung vor dem anderen

„Demut zu üben, das ist etwas, woran wir Menschen uns immer wieder erinnern müssen."

Sr. Immolata Blesch (87)
Gästebetreuung im Kloster Bernried am Starnberger See

Der Demut widmet Benedikt in seiner Regel ein sehr ausführliches Kapitel. Es ist das grundlegende, wie Abt Odilo schreibt, denn die Demut soll für die Mönche die Grundhaltung vor Gott sein.

Demut bedeutet im Sinne Benedikts, sich von aller Überheblichkeit zu befreien und sich in die Haltung Jesu zu vertiefen. So erläutert es Abt Odilo. Zwölf Stufen legt Benedikt dar, um den Gipfel der Demut zu erreichen. Was können sie Menschen außerhalb der Klöster mit auf den Weg geben?

Der Begriff Demut hat nichts zu tun mit Erniedrigung, Kleinmachen, Sich-Ducken, Katzbuckeln. Wenn wir Benedikts zwölf Stufen in unsere heutige Sprache übersetzen, merken wir, dass Demut für ihn – auf einen ersten knappen Nenner gebracht – bedeutet, sich nicht in den Vordergrund zu spielen, sich zurück-

zunehmen und den anderen zu achten. Die „zwölf Stufen der Demut" sind bemerkenswerte Werkzeuge, um sich und andere nicht zu frustrieren und mit sich selbst und anderen im Einklang zu sein.

Die erste Stufe der Demut
„Der Mensch achte stets auf die Gottesfurcht und hüte sich, Gott je zu vergessen ... Wenn also die Augen des Herrn über Gute und Böse wachen, und der Herr immer vom Himmel auf die Menschenkinder blickt, dann, Brüder, müssen wir uns zu jeder Stunde in Acht nehmen, damit Gott uns nicht irgendwann einmal als abtrünnig und verdorben ansehen muss" (Benediktsregel 7,10.26f.29). In unsere Zeit übertragen bedeutet dies:

- achtsam und bewusst zu leben
- sich selbst zu prüfen
- das eigene Denken und Handeln immer zu hinterfragen.

Die zweite Stufe der Demut
„Der Mönch liebt nicht den eigenen Willen und hat deshalb keine Freude daran, sein Begehren zu erfüllen" (Benediktsregel 7,31). Auf das Zusammenleben in unserer Gesellschaft angewandt heißt dies:

- nicht machthungrig zu sein
- nicht immer den eigenen Willen durchzusetzen
- Rücksicht zu nehmen und die Bedürfnisse des anderen zu respektieren.

Die dritte Stufe der Demut
„Aus Liebe zu Gott unterwirft sich der Mönch dem Oberen in vollem Gehorsam" (Benediktsregel 7,34). Hier haben wir wieder den bereits besprochenen Gehorsam, mit dem sich viele Menschen so schwertun. Aber eigentlich meint Benedikt damit ja:

- zuhören
- aufmerksam sein
- beachten, was einem andere Menschen und bestimmte Ereignisse zu sagen haben.

Die vierte Stufe der Demut
„Der Mönch übt diesen Gehorsam auch dann, wenn es hart und widrig zugeht. Sogar wenn ihm dabei noch so viel Unrecht geschieht, schweigt er und umarmt gleichsam bewusst die Geduld" (Benedikts-

regel 7,35). Hier appelliert Benedikt an das Vermögen des Einzelnen, auch widrige Situationen auszuhalten und durchzustehen:

- nicht immer gleich aufbrausen, wenn man sich ungerecht behandelt fühlt
- nicht selbst Druck ausüben
- Geduld üben
- auch mal etwas aushalten und die Flinte nicht gleich ins Korn werfen.

Die fünfte Stufe der Demut
„Der Mönch bekennt demütig seinem Abt alle bösen Gedanken, die sich in sein Herz schleichen, und das Böse, das er im Geheimen begangen hat, und er verbirgt nichts" (Benediktsregel 7,44). Benedikt ist ein Menschenkenner. Ihm ist klar, dass jeder in Versuchung geraten kann, Unrechtes zu tun. Er bricht hier eine Lanze dafür:

- ehrlich zu sein und aufrichtig
- nichts zu verbergen
- anderen Menschen nichts vorzumachen.

Die sechste Stufe der Demut
„Der Mönch ist zufrieden mit dem Allergeringsten und Letzten und hält sich bei allem, was ihm aufgetragen wird, für einen schlechten und unwürdigen Arbeiter" (Benediktsregel 7,49). Ein heikles Thema schneidet der Ordensvater hier an. Unsere Konsumgesellschaft lebt davon, dass sie fortwährend neue Bedürfnisse produziert und suggeriert. Da fällt es schwer, sich „mit dem Geringsten" zufriedenzugeben. Benedikt plädiert aber ganz eindeutig dafür,

- Bescheidenheit zu üben
- nicht immer nur Forderungen zu stellen
- auch mit kleinen Dingen zufrieden zu sein.

Die siebte Stufe der Demut
„Der Mönch erklärt nicht nur mit dem Mund, er sei niedriger und geringer als alle, sondern glaubt dies auch aus tiefstem Herzen" (Benediktsregel 7,51). Einfacher gesagt als getan, könnte man diese Regel kommentieren. Denn ist es nicht bei ehrlicher Betrachtung so, dass man sich manchmal zwar nach außen bescheiden gibt, aber sich innerlich doch für besser hält als andere? In diesem Sinne ist Benedikts Äußerung zu verstehen als:

- nicht überheblich sein
- sich nicht über andere Menschen stellen
- sich nicht besser fühlen als andere.

Die achte Stufe der Demut
„Der Mönch tut nur das, wozu ihn die gemeinsame Regel des Klosters und das Beispiel der Väter mahnen" (Benediktsregel 7,55). In unsere Zeit übersetzt bedeutet dies, einmal Vereinbartes auch zu respektieren:

- Absprachen einzuhalten
- nicht eigenmächtig zu handeln
- verlässlich und berechenbar zu sein.

Die neunte Stufe der Demut
„Der Mönch hält seine Zunge vom Reden zurück, verharrt in der Schweigsamkeit und redet nicht, bis er gefragt wird" (Benediktsregel 7,56). Das rechte Verhältnis von Schweigen und Kommunikation ist ein zentraler Punkt der Lebenskunst Benedikts; es bedeutet:

- zu überdenken, was und wie man etwas gesagt hat
- nachzudenken, bevor man sich äußert
- nicht schlecht über andere zu reden
- das Wort nicht an sich zu reißen.

Die zehnte Stufe der Demut
„Der Mönch ist nicht leicht und schnell zum Lachen bereit, steht doch geschrieben: ‚Der Tor bricht in schallendes Gelächter aus'" (Benediktsregel 7,59). Kein Aufruf zur Sauertöpfigkeit, sondern gemeint ist:

- fröhlich zu sein, aber nicht etwas lächerlich zu machen
- nicht alles ins Scherzhafte zu ziehen
- sich nicht in oberflächlichem Geplänkel zu verlieren.

Die elfte Stufe der Demut
„Der Mönch spricht, wenn er redet, ruhig und ohne Gelächter, demütig und mit Würde wenige und vernünftige Worte und macht kein Geschrei" (Benediktsregel 7,60). Zur Kunst der Kommunikation gehört:

- die eigenen Worte mit Bedacht zu wählen
- ruhig und ausgewogen zu sprechen
- nur dann zu reden, wenn man etwas zu sagen hat.

Die zwölfte Stufe der Demut
„Der Mönch sei nicht nur im Herzen demütig, sondern seine ganze Körperhaltung werde zum ständigen Ausdruck seiner Demut für alle, die ihn sehen" (Benediktsregel 7,62). So wie äußere Haltung und Gesinnung, so soll das ganze innere Leben mit dem körperlichen Ausdruck übereinstimmen, das bedeutet:

- nicht eitel und nicht selbstgefällig zu werden
- natürlich und authentisch zu bleiben
- unkompliziert im Umgang zu sein.

In diesem Sinne sind die zwölf Stufen der Demut für uns Menschen außerhalb der Klostermauern absolut aktuell. Sie sind bemerkenswerte Werkzeuge, um mit sich selbst und mit anderen im Einklang zu sein.

P. A.

Achtung und Wertschätzung zeigen

„Ehrfurcht habe ich vor Gott und seiner Schöpfung – also vor Mensch und Natur."
Br. Ulrich Menhart (84)
Kloster Jakobsberg bei Bingen

Ehrfurcht geht bei Benedikt mit Demut einher: „Wenn wir mächtigen Menschen etwas unterbreiten wollen, wagen wir es nur in Demut und Ehrfurcht" (Benediktsregel 20,1). Immer wieder spricht er in seiner Regel auch von der Ehrfurcht vor Gott. Sie hat für ihn erste Priorität. Ehrfurcht hat für uns einen altertümlichen Beigeschmack. Es ist ein Wort, das sich eigentlich aus zwei widersprüchlichen Begriffen zusammensetzt – aus ehren und fürchten.

Wie kann man einen Menschen ehren, wenn man ihn eigentlich fürchtet, also Angst vor ihm hat. Die menschliche Folge wäre, Abstand zu wahren. Wie kann man die Natur ehren, wenn man sie und ihre Unberechenbarkeit fürchten muss. Logisch wäre doch, sie in den Griff zu kriegen, möglichst zu bezwingen.

Benedikt verwendet den Begriff Ehrfurcht im Sinne von „schätzen" und stellt ihn auf eine Ebene mit der Liebe: „... vielmehr geschieht es aus Ehrfurcht und Liebe zu Christus" (Benediktsregel 63,13). Ehrfurcht bedeutet, jemanden zu schätzen, ihm Achtung und Respekt entgegenzubringen:

- Welche Menschen werden in unserer Gesellschaft geschätzt und geehrt?
- Schätzen wir die alten Menschen? Mit ihrer Verantwortung, ihrer Erfahrung, ihrer Leistung für unsere Gesellschaft?
- Schätzen wir die ganz Jungen, oder empfinden wir sie manchmal als Belastung?
- Wer bezeugt wem Respekt? Die Kinder ihren Eltern, die Eltern ihren Kindern, Lebenspartner einander, der Chef den Mitarbeitern, die Mitarbeiter dem Vorgesetzten, die Kollegen einander?

Eigentlich ist der Begriff „Ehrfurcht" ein gutes Motto für den Umgang miteinander. In diesem Sinne:
- Sagen Sie öfter einmal etwas Positives zu Ihren Mitmenschen.
- Zeigen Sie ihnen, dass Sie sie schätzen.
- Loben und motivieren Sie.
- Und wenn Sie selbst Lob empfangen: Nehmen Sie es nicht als selbstverständlich, sondern freuen Sie sich darüber.

P. A.

Aufgaben wahrnehmen und teilen

„Unser Leben hier ist dem Dienst an Gott und den Menschen geweiht."
Sr. Kiliana Raps (73)
Schwester von der Heimsuchung Mariae in Dietramszell

Dienen – wieder ein Begriff, der Stirnrunzeln verursacht. Benedikt verwendet den Begriff „Dienst" in seiner Regel an verschiedenen Stellen. An erster steht für ihn der Dienst an Gott, der Gottesdienst. Dann kommt der Dienst am Nächsten, der in vielfältiger Weise zum Ausdruck gebracht werden kann. Zum Beispiel: „Die Brüder sollen einander dienen. Keiner werde vom Küchendienst ausgenommen, es sei denn, er wäre krank oder durch eine dringende Angelegenheit beansprucht" (Benediktsregel 35,1). Oder in anderer Weise: „Beim Tisch darf die Lesung nicht fehlen. Doch soll nicht der Nächstbeste nach dem Buch greifen und lesen, sondern der vorgesehene Leser beginne am Sonntag seinen Dienst für die ganze Woche" (Benediktsregel 38,1).

Dienen ist eigentlich eine logische Folge von Demut und Ehrfurcht, den in den vorhergehenden Kapiteln dargelegten Begriffen. Wer seinen Mitmenschen mit Demut und Ehrfurcht begegnet, wird keine Probleme haben, ihnen zu dienen. Im Kloster gibt es viele Dienste: den Dienst in der Sakristei, den Messdienst, den Tischdienst und den Pfortendienst beispielsweise. Nicht alle klösterlichen Dienste sind beliebt bei den Ordensleuten. So manches Mal habe ich auch Murren im Kloster gehört, wenn ein Ordensmitglied der Meinung war, es habe aber schon recht viele Dienste übernommen, und nun seien mal wieder andere an der Reihe. Solche Klagen sind auch uns außerhalb der Klostermauern nicht fremd.

Der Begriff „Dienst" wird häufig in der Militärsprache angewendet und hat einen Anstrich von Eingeteilt- oder Abgeordnetsein. Man „leistet" seinen Dienst ab. Das heißt, man tut seine Pflicht, aber auch nicht mehr. Bei Benedikt handelt es sich aber nicht um einen „Dienst nach Vorschrift", den er von seinen Mitbrüdern erwartet, sondern um einen Einsatz füreinander, zu dem man auch innerlich stehen kann. Davon nimmt er auch die klösterlichen Führungskräfte nicht aus, denn er spricht in einem eigenen Kapitel vom „Dienst des Abts".

In eine moderne Sprache übertragen, könnte man den Begriff „Dienst" durch „Unterstützung" oder „Aufgabenverteilung" ersetzen. Eine eindeutige Aufgabenverteilung würde vielen Bereichen unseres zwischenmenschlichen Zusammenlebens gut anstehen. Dann gäbe es weniger Reibungsverluste.

- Organisieren Sie die Dienste für ungeliebte Aufgaben in der Familie: Wer geht einkaufen? Wer deckt den Tisch? Wer bringt den Müll weg? Wer wäscht und bügelt etc.?
- Verteilen Sie die Aufgaben gerecht, damit niemand Nachteile verspürt.
- Und loben Sie, wenn jemand eine Aufgabe für die Gemeinschaft besonders gut erfüllt hat.

Wenn Sie gemeinsam eine Liste zusammenstellen, und die Aufgaben im Rotationsverfahren übernehmen, wird sich niemand übervorteilt vorkommen. Überlegen Sie mit allen Familienmitgliedern, wer was leisten kann. Überfordern und übervorteilen Sie weder sich selbst noch die anderen.

Manch einer wird überraschenderweise vielleicht sogar stolz darauf sein, dass er für andere Familienmitglieder eine verantwortungsvolle Aufgabe übernehmen kann. „Er wache über seine Seele und denke immer an das Apostelwort: Wer seinen Dienst gut versieht, erlangt einen hohen Rang" (Benediktsregel 31,8).

Was ich hier für die Familie beschrieben habe, gilt für andere Gemeinschaften gleichermaßen – auch fürs Büro oder für gemeinsame Planungen und Unternehmungen mit Freunden.

Vielleicht entdeckt der ein oder andere auch bisher verborgene Qualitäten in sich, und Dinge gehen ihm leichter von der Hand, als er das vorher angenommen hat. Außerdem sollte man nicht vergessen: Wer selbst gibt, dem wird gerne gegeben. P.A.

Der gute Eifer

„Wie es den bösen Eifer der Bitterkeit gibt, der von Gott trennt und in den Abgrund führt, so gibt es den guten Eifer, der von den Sünden trennt und zu Gott und zum ewigen Leben führt."

BENEDIKTSREGEL 72,1F

WENN BENEDIKT IN SEINEM vorletzten Regelkapitel über den guten Eifer der Mönche spricht, fasst er zusammen, wozu er seine Brüder anleiten will: zu einer glühenden Liebe, „die Christus überhaupt nichts vorzieht". Öfter charakterisiert Benedikt diesen Eifer als Laufen. Die Liebe drängt, zum ewigen Leben voranzuschreiten: „jetzt müssen wir laufen und tun, was uns für die Ewigkeit nützt" (Benediktsregel Prolog, 44). Beim Neueintretenden ist zu prüfen, „ob er Eifer hat für den Gottesdienst, für den Gehorsam und zum Ertragen von Widrigkeiten" (Benediktsregel 58,7). Was von jedem Mönch gilt, wird besonders vom Priestermönch verlangt: „Er schreite mehr und mehr auf Gott zu" (Benediktsregel 62,4).

Wenn Benedikt neben dem guten Eifer auch den bösen und bitteren Eifer benennt, gibt er wohl eine Erfahrung wieder, die wir alle kennen. Mancher Eifer, manche zu große Beflissenheit und Geschäftigkeit kann uns auf die Nerven gehen. Wir sprechen vom blinden Eifer, der nicht überlegt, welcher Dienst wirklich nützt. Wir sprechen vom bitteren Eifer, der seine Ziele mit Gewalt erreichen will, der die Überzeugungen und Gefühle anderer nicht achtet, sondern verletzt. Es ist der Eifer des Fanatikers.

Wenn Benedikt von diesem bitteren Eifer den guten Eifer absetzt, dann nennt er als erstes, dass die Mönche „einander in gegenseitiger Achtung zuvorkommen, ihre körperlichen und charakterlichen Schwächen mit unerschöpflicher Geduld ertragen" sollen. Dieser Eifer überfährt und überfordert nicht die anderen, er bewährt sich gerade im Ertragen der Schwächen des anderen. Er sucht das Geheimnis Gottes im anderen zu sehen und zu achten.

Darum sollen die Mönche „im gegenseitigen Gehorsam miteinander wetteifern" und mehr auf das Wohl des anderen als auf das eigene achten. Das 72. Kapitel endet: „Christus sollen sie überhaupt nichts vorziehen, er führe uns gemeinsam zum ewigen Leben."

Das tragende Motiv ist also die Liebe zu Christus, dem nichts vorgezogen werden soll. In Christus lieben und verehren wir den, der alle liebt, uns in die Gemeinschaft stellt und zur gemeinsamen Antwort auf seinen Liebesanruf bewegt. Darum mahnt Benedikt im 70. Kapitel, dass keiner eigenmächtig einen seiner Brüder ausschließen oder schlagen darf.

Benedikt legt Wert darauf, dass die Mönche einander ehrfurchtsvoll grüßen und anreden. Der Eifer für das Gotteslob zeigt sich darin, dass sie beim Zeichen zum Gottesdienst alles zurücklassen, am Morgen etwa „ohne Zögern aufstehen und sich beeilen, einander zum Gottesdienst zuvorzukommen" (Benediktsregel 22). Allerdings fügt er hinzu, mit „allem Ernst und mit Bescheidenheit", also ohne übertriebene Hast und Rücksichtslosigkeit. Beim Aufstehen sollen sich die Brüder gegenseitig ermuntern – aber *moderate*, also behutsam und rücksichtsvoll.

Die Dokumentarfilmerin Susanne Aernecke hat ihre Erfahrungen bei einer sechsteiligen Fernsehreihe über die großen Orden in Deutschland in einem 2008 erschienenen Buch zusammengefasst als Entdeckungen, die auch ihr eigenes Leben veränderten. Das Buch hat den Untertitel „Eine Abenteuerreise in die Demut". Sie ist fasziniert von dem freudigen Eifer, mit dem Schwestern und Brüder sich mit den Ärmsten solidarisieren, an sozialen Brennpunkten arbeiten, Wallfahrten organisieren oder sich auf den Weg der Mystik begeben. Sie spürt „etwas, dass mit Liebe zu tun hat, aber nicht des besitzergreifenden Klammerns, sondern eine Liebe, die tatsächlich nur durch Demut möglich ist".

O.L.

Verantwortung übernehmen

EIFER ZU ZEIGEN, kann man auf zweierlei Arten deuten. Im positiven Sinne bedeutet Eifer: emsig sein, sich bemühen und einsetzen; im negativen Sinne: Strebertum, devot sein. Abt Odilo weist darauf hin, dass Benedikt vom „guten" Eifer spricht. „Wenn es einen bitteren und bösen Eifer gibt, der von Gott trennt und zur

Hölle führt, so gibt es den guten Eifer, der von den Sünden trennt, zu Gott und zum ewigen Leben führt" (Benediktsregel 72,1f). Den „guten Eifer" können wir also verstehen als Engagement, als Verantwortungsbewusstsein, als stetes Bemühen, sich für das Wohl des anderen einzusetzen. Und dabei kommt es wieder auf das rechte Maß an.

Der Abt soll mit Eifer danach streben, keines der ihm anvertrauten Schafe zu verlieren (Benediktsregel 27,5). Das heißt, jeder, der Verantwortung für andere Menschen hat, hat die Verpflichtung, sich um sie zu kümmern. Der Vorgesetzte um seine Mitarbeiter, Eltern um Partner und Kinder, Lehrer und Ausbilder um ihre Schüler, der Arzt um seine Patienten.

Benedikt ermahnt seine Mitbrüder, Eifer bei der Aufnahme von Armen und Fremden zu zeigen (Benediktsregel 53,15). In unsere Zeit übertragen verweist Benedikt damit auf die Verantwortung, die wir für die Gemeinschaft und Gesellschaft tragen, in der wir leben, auf unsere gesamtgesellschaftliche Verantwortung zur Integration: Personen aus gesellschaftlichen Randzonen, Mitbürger mit ausländischer Herkunft, Menschen, die unterhalb der Existenzgrenze leben, Arbeitslose, behinderte Menschen dürfen nicht ausgeschlossen werden. Zum guten Eifer zählt auch der Respekt vor den Leistungen und Erfahrungen des Alters: Jüngere Mönche sollen den älteren mit Eifer gehorchen, schreibt Benedikt (Benediktsregel 71,4).

Der „gute Eifer" heißt: guten Willens zu sein und seine Aufgaben als verantwortungsvolles Mitglied der Gesellschaft für die Mitmenschen wahrzunehmen.

P. A.

iv. Leben mit anderen

Jedem nach seinen Bedürfnissen

„So werden alle Glieder der Gemeinschaft in Frieden sein."

BENEDIKTSREGEL 34,5

ÜBER DEN EINGANG VIELER Benediktinerklöster ist das Wort „Pax", Friede, geschrieben. Die entscheidende Antwort auf die Frage des Prologs, wer es sei, der das Leben liebt, ist Psalm 34,17: „… suche den Frieden und jage ihm nach." Die benediktinische Lebensordnung will den Menschen zum Frieden mit sich selbst, zum Frieden in der Gemeinschaft und zum Frieden mit der Schöpfung führen. Sie stellt ihn hinein in den natürlichen Ablauf der Zeiten und leitet an zum ehrfürchtigen Umgang mit dem ihm anvertrauten Teil der Welt. Sie führt den Menschen zum inneren Frieden, zur „Rückkehr zu sich selbst", zum „Wohnen in sich selbst unter den Augen Gottes" (vgl. Vita 3,5).

Das ist auf der sechsten Stufe der Demut beschrieben: „Der Mönch ist zufrieden mit dem Allergeringsten und Letzten. Er sagt mit Psalm 73: …wie ein Lasttier bin ich vor dir und bin doch immer bei dir" (Benediktsregel 7,49f; Ps 73,23). So wird aller innerer Zwiespalt, alle Unzufriedenheit, alles Murren überwunden, aus der Kraft der Verbindung mit Gott, vor allem im Gebet, aus dem großen Einklang, wenn wir etwa beim Psalmensingen uns darum mühen, dass unser Herz mit der Stimme, dass die innere Einsicht mit dem äußeren Wort übereinstimmt (Benediktsregel 19,7). Und dieser Friede zeigt sich dann vor allem im Zusammenleben der Gemeinschaft. Deren Einheit ist ja auch für Benedikt nicht selbstverständlich. Er weiß: „Immer wieder gibt es Ärgernisse, die wie Dornen verletzen" – darum täglich die Vergebungsbitte des Vaterunser (Benediktsregel 13,12f).

Abt Johannes und die Mönche von St. Bonifaz: Einzug zur Sonntagsvesper

Darum die Mahnung, „noch vor Sonnenuntergang mit den Zerstrittenen in den Frieden zurückzukehren" (Benediktsregel 4,73). Das muss freilich ernsthaft geschehen. Benedikt mahnt auch, keinen falschen Frieden zu geben, nicht unaufrichtig Frieden zu schließen (Benediktsregel 4,25).

Im Bemühen, aufeinander zu hören und alle Streitsucht zu überwinden, kann man nicht weit genug gehen: Wenn ein Bruder von einem Älteren zurechtgewiesen wird oder auch nur spürt, dass dieser innerlich gegen ihn erzürnt oder erregt ist, „dann werfe er sich unverzüglich zu Boden und liege zur Buße so lange zu seinen Füßen, bis die Erregung durch den Segen zur Ruhe kommt" (Benediktsregel 71,6-8).

Die Benediktsregel bietet in einmaliger Weise den Rahmen für das Miteinander in der Gemeinschaft. Sie betont deren Einheit: „Denn ob Sklave oder Freier, in Christus sind wir alle eins, und unter dem einen Herrn tragen wir die Last des gleichen Dienstes, denn bei Gott gibt es kein Ansehen der Person" (Benediktsregel 2,20; Gal 3,28). Der Abt soll alle in gleicher Weise lieben.

Er darf etwa den Freigeborenen nicht dem ehemaligen Sklaven vorziehen. Darum sei „alles allen gemeinsam", und keiner kann etwas als sein Eigentum beanspruchen (Benediktsregel 33,6; Apg 4,32).

Und doch betont die Regel zugleich immer wieder die Eigenart des Einzelnen, die Verschiedenheit der Menschen, die gemeinsam Gott suchen. Der Abt muss der Eigenart vieler dienen. „Die Starken sollen finden, wonach sie verlangen, und die Schwachen nicht davonlaufen" (Benediktsregel 64,19). Darum gilt bei der Verteilung der gemeinsamen Güter nicht der Grundsatz: Jeder erhält gleich viel. Vielmehr gilt der Maßstab der Urgemeinde in Jerusalem: „Jedem wurde so viel zugeteilt, wie er nötig hatte" (Apg 4,35). Das bedeutet nicht ein Ansehen der Person, sondern die Rücksicht auf die Schwächen.

Von ihr ist immer wieder in der Regel die Rede. Wer also weniger braucht, soll nicht traurig sein und Gott danken. Wer mehr braucht, werde nicht überheblich, sondern demütig wegen seiner Schwäche. „So werden alle Glieder der Gemeinschaft in Frieden sein" (Benediktsregel 34,5).

Das 20. Jahrhundert war gekennzeichnet durch den Antagonismus von kollektiven Ideologien und einem ausgeprägten Individualismus. Erstere blickten auf ein Ganzes (Volk, Gesellschaft der Zukunft) und opferten den Einzelnen für die kollektiven Ziele. Der Individualismus der letzten Jahrzehnte zielte auf Selbstverwirklichung und Selbstentfaltung des Einzelnen und verlor das Allgemeinwohl aus den Augen. Beides zusammenzuführen, wie es die Benediktsregel versucht, ist wohl nur von einem transzendenten, die Einzelnen und die Gesellschaft übersteigenden Standpunkt möglich. Gott liebt jeden Einzelnen in seiner Eigenart und sieht doch alles zusammen in der einen

Gemeinschaft der Kirche, in den Zielen der gesamten Schöpfung. Der Reichtum der Schöpfung besteht gerade in der Vielfältigkeit der einzelnen Wesen. Der Einzelne erlangt sein Glück in der Erfüllung seiner Aufgabe für das Ganze. O.L.

In Gemeinschaft leben

„Auch bei uns gibt es manchmal Auseinandersetzungen und Streit. Aber dann reden wir miteinander und versuchen, den Fall zu klären. Schließlich wollen wir ja keinen Unfrieden in der Gemeinschaft."

Sr. Fidelis Happach (89)
Kloster Bernried am Starnberger See

Basis für die Regel Benedikts ist das gemeinschaftliche Zusammenleben. Man spricht deshalb auch von der „Klostergemeinschaft". Die Ordensleute teilen die Zeit, das Gebet, die Arbeit und Hab und Gut miteinander. Sie bilden eine Lebensgemeinschaft, die enger ist als in vielen Partnerschaften und Familien.

Der Anspruch Benedikts ist, im Kloster jeden gleich zu behandeln. Niemand solle bevorzugt werden, und alle Güter des Klosters sollen der Gemeinschaft gehören. Der Abt eines großen Benediktinerkonvents meinte mir gegenüber einmal schmunzelnd, das sei eigentlich eine Art kommunistisches System.

Immer, wenn Menschen zusammenleben und -arbeiten, sind Reibungsverluste nicht auszuschließen. In Partnerschaften, in Familien, im beruflichen Umfeld, auch im Kloster. Wie funktioniert dann eigentlich das klösterliche Gemeinschaftsleben, mit Indi-

viduen, die erst im Erwachsenenalter zusammenkommen? Die ihre Eigenheiten, ihre soziale Prägung, ihre besonderen Vorzüge und Schwächen haben. Wie bringt man das alles unter einen Hut? Wie schafft man es, jedem das Gefühl zu vermitteln, ein wichtiger Teil der Gemeinschaft zu sein? Es geht auch im Kloster nicht immer glatt.

„Früher hat man immer gesagt, hier im Konvent gibt es Hochwürden, das sind die studierten Mönche mit Priesterweihe, und Nichtswürden, das sind wir einfachen Brüder, die die niederen Dienste verrichten mussten. Aber das hat sich inzwischen geändert", sagte mir vor kurzem einmal ein 76-jähriger Benediktinerbruder, der seit über fünfzig Jahren im Kloster ist. Wichtig ist es, jedem das Gefühl zu vermitteln, dass er ein wesentliches Glied der Gemeinschaft ist, egal, welche Aufgaben er übernimmt.

Auch die niederen Dienste müssen erledigt werden. Für diese hat Benedikt das Rotationsprinzip eingeführt. So muss jeder in einem gewissen Turnus Dinge erledigen, die vielleicht nicht so beliebt sind, aber jedem im Kloster nützlich. Reinigungs- oder Küchendienste beispielsweise. Ein geschickter Schachzug gleich in zweierlei Hinsicht. So bleiben diese Arbeiten nicht an einigen wenigen Personen hängen. Und niemand kann sich besser fühlen als die anderen, nur weil er vermeintlich qualifiziertere Arbeiten erledigt. So wird das Zusammengehörigkeitsgefühl gestärkt, und niemand fühlt sich ausgeschlossen.

Wenn in einer Gemeinschaft Unstimmigkeiten herrschen, so zitiert Abt Odilo Benedikt, dann soll man vor Sonnenuntergang Frieden schließen. Das bedeutet, man muss akzeptieren lernen, dass jeder seine Eigenheiten hat. Man muss dann aufeinander zugehen, gesprächsbereit sein und auch einmal über den eige-

nen Schatten springen. Gegebenenfalls auch durch Vermittlung einer dritten Person.

In großen Gemeinschaften, ob im oder außerhalb des Klosters, kann man bei Unstimmigkeiten einander zumindest für eine beschränkte Zeit einmal aus dem Weg gehen. Auf Dauer lässt sich dies jedoch nicht durchhalten. Der Zwist wird die Gemeinschaft belasten und vielleicht sogar Gräben entstehen lassen.

Grundvoraussetzung bei jedem einzelnen Mitglied der Klostergemeinschaft ist der Wille, auf Dauer mit den Mitschwestern oder -brüdern zusammenzuleben. Auch in unruhigen Zeiten. Diese Voraussetzung ist auch für andere Gemeinschaften notwendig, ob Partnerschaft, Familie, Beruf. Manchmal hat man den Eindruck, ein gemeinschaftliches Projekt wird zu rasch aufgegeben, wenn man an die wachsende Anzahl von Scheidungen in Deutschland denkt oder an die hohe Fluktuation in manchen Unternehmen, die häufig mit „Flexibilität" verwechselt wird. Lange Betriebszugehörigkeit gilt in den Augen mancher Menschen nicht mehr als Wert, häufiger Arbeitsplatzwechsel dagegen als „dynamisch". Da der Wechsel des Arbeitgebers oft auch mit Ortswechsel verbunden ist, bleiben soziale Bindungen manchmal auf der Strecke. Auch hier gilt: Alles im rechten Maß.

Benedikt hat eine Prüfungszeit vor der endgültigen Aufnahme ins Kloster vorgegeben, die heute in der Regel fünf Jahre beträgt: „Hat er (der Mönch) es sich reiflich überlegt und verspricht er, alles zu beachten und sich an alles zu halten, was ihm aufgetragen wird, dann soll er in die Gemeinschaft aufgenommen werden" (Benediktsregel 58,14). Für unsere Gesellschaft kann man aus dem benediktinischen Konzept Wichtiges herausfiltern:

- Prüfen Sie sich gründlich, bevor Sie sich binden, ob privat oder im Beruf.
- Wenn Sie sich positiv entschieden haben, stehen Sie zu dieser Entscheidung.
- Behandeln Sie jedes Mitglied Ihrer Gemeinschaft als vollwertig.
- Beziehen Sie jeden in Entscheidungen ein.
- Geben Sie jedem eine Aufgabe, die er bewältigen kann.
- Vermitteln Sie jedem, dass er wichtig ist. So schaffen Sie Zugehörigkeits- und Gemeinschaftsgefühl.

Beständigkeit ist gefragt und der Wille, etwas gemeinsam zu schaffen und zu leben. Und zwar über alle Hürden hinweg. Die Mönche „sollen einander in gegenseitiger Achtung zuvorkommen; ihre körperlichen und charakterlichen Schwächen sollen sie mit unerschöpflicher Geduld ertragen ... keiner achte auf das eigene Wohl, sondern mehr auf das des anderen" (Benediktsregel 72,4ff).

P. A.

Individualität leben

DER EINZELNE SOLL SICH der Gemeinschaft unterordnen, sagt Benedikt. Bedeutet das, jede Individualität, die die Farbigkeit einer Gruppe ausmacht, müsse verloren gehen? Und sind es nicht die besonderen, die außergewöhnlichen Menschen, die nicht in ein Raster passen, welche die Welt verändert haben?

ter Stephan, der Bibliothekar des Klosters St. Bonifaz

Auf den ersten Blick erscheinen Ordensleute als gleichförmig: sie tragen die gleiche Kleidung, haben die gleichen Zellen, essen die gleichen Speisen, besitzen die gleichen Dinge. Meint man. Zumindest von außen betrachtet. Wer jedoch näher mit einem Konvent in Kontakt kommt, auch schon Tage im Kloster verbracht hat, merkt, dies ist ein oberflächlicher Eindruck.

Im Kloster gibt es viele Individuen – wie jener als Künstler tätige Ordensmann, der mit einem Habit zum Gebet kam, unter dem der Malerkittel hervorblitzte. Er war eben gerade aus seinem Atelier gekommen. Oder wie die Oberin eines Klosters, die mich vom Flughafen mit einem Auto abholte, das von oben bis unten mit Werbung beklebt war: Das Kloster konnte sich eigentlich keinen neuen Wagen leisten, brauchte ihn aber dringend und finanzierte das Gefährt eben durch Werbeaufschriften von Handwerkern, die für das Kloster arbeiteten. Oder wie jene Nonne, die im Habit Kühe mit Hostienresten fütterte, die in der klösterlichen Hostienbäckerei übrig geblieben und noch nicht geweiht waren. Die Kühe brauchten eben Futter, und da bekamen sie das Naheliegende. Das Klosterleben fördert auch Ideenvielfalt.

Im Sinne Benedikts soll Individualität nicht unterdrückt werden. Es geht aber auch darum, Egoismus nicht Tür und Tor zu öffnen, niemanden zu unterstützen, der sich auf Kosten anderer Menschen profilieren will. Eine geschickte Führungskraft, ein intelligenter Partner oder engagierte Eltern werden daher:

- Begabungen fördern
- motivieren
- außergewöhnliche Leistungen zum Nutzen der Gemeinschaft unterstützen, so dass sich jeder im rechten Maß entfalten kann.

P. A.

Verbundenheit über Zeit und Raum hinaus

„Wenn Brüder sehr weit entfernt arbeiten ... müssen sie den Gottesdienst an ihrem Arbeitsplatz halten."

BENEDIKTSREGEL 50,1-3

SO SEHR DIE KLÖSTERLICHE Gemeinschaft vom Beisammensein der Brüder lebt beim Gebet, beim Mahl und bei der Arbeit, so ist doch ihre Gemeinschaft immer größer als die aktuelle Präsenz.

Das zeigt sich in der besonderen Sorgfalt, die den krank Darniederliegenden entgegengebracht wird. Das zeigt sich bei den wegen einer schweren Verfehlung Ausgeschlossenen, also bei denen, denen durch die Exkommunikation von Tisch und Oratorium die Schwere ihres Verfehlens und die Unvereinbarkeit mit den Zielen der Gemeinschaft bewusst werden soll. Aber gerade auch ihnen gilt die Sorge des Abtes, die Entsendung tröstender und zur Umkehr bewegender Mitbrüder und das Gebet aller für sie (Benediktsregel 27).

Wenn Kapitel 29 die Möglichkeit sogar einer dreimaligen Rückkehr derer einräumt, die das Kloster selber verlassen haben, ist damit auch eine weitere Verbundenheit in Hoffnung angedeutet. Benedikt möchte, dass am Ende der Gottesdienste immer aller Abwesenden gedacht wird. Das wird in Kapitel 67 bei den Brüdern, die auf Reisen sind, erwähnt. Beim Wegfahren haben sie sich dem Gebet aller Brüder und des Abtes anempfohlen. Andererseits sollen die abwesenden Brüder, etwa solche, die sehr weit entfernt vom Kloster arbeiten, den Gottesdienst an ihrem Arbeitsplatz halten (Benediktsregel 50,3). Alle, die in der Ferne sind, sollen die festgesetzten Gebetsstunden einhalten und so die Pflicht ihres Dienstes erfüllen.

Diese Verbundenheit derselben Gebetszeit überwindet die räumliche Trennung. Immer wieder habe ich erfahren, welche Stärkung es für Menschen, die sich dem Kloster verbunden wissen, bedeutet, wenn sie wissen. Jetzt betet die klösterliche Gemeinschaft, und ich darf mitbeten.

Eucharistie und Stundengebet sind ja immer Tun der ganzen Kirche. So gibt Benedikt bei seinen Ordnungen der Gebetszeiten, der Psalmen und Gesänge die Weisung „wie es in der Kirche von Rom Brauch ist" *(sicut psallit ecclesia Romana)*. So weiß sich Benedikt im Gebet auch immer mit den Anliegen der ganzen Kirche verbunden.

Eine Episode aus dem Leben Benedikts möge das verdeutlichen: In der Nähe von Montecassino lebten zwei fromme gottgeweihte Frauen. Sie reizten den frommen Mann, der ihnen diente, durch unbedachtes Reden immer wieder zum Zorn. Als dieser Mann Benedikt sein Leid klagte, gab Benedikt den Frauen die Weisung: Zügelt eure Zunge! Wenn ihr euch nicht bessert, bestrafe ich euch mit Ausschließung! Doch die beiden Frauen besserten sich nicht. Als sie bald darauf starben und in ihrer Kirche begraben wurden, sah man sie beim Ruf des Diakons vor der Kommunion (der Katechumenen und Büßer entließ) ihre Gräber und die Kirche verlassen. Voll Kummer teilte man dies Benedikt mit. Er schickte eine Opfergabe, damit sie nicht länger ausgeschlossen seien, und so sah sie niemand mehr aus der Kirche hinausgehen (Vita

In der Krypta von St. Bonifaz:

23,1–5). Hier wird deutlich, wie Benedikts kirchliche Sorge auch über den Bereich des Klosters hinausreicht, und wie kirchliche Gemeinschaft auch über den Tod hinaus wirksam bleibt. So weiß sich die klösterliche Gemeinschaft auch mit ihren verstorbenen Mitbrüdern verbunden. Die Gemeinschaft weitet sich zur ganzen Gemeinde der Heiligen und der Engel. Benedikt legt beim Gottesdienst Wert darauf, dass seine Mönche eine Gebetshaltung einnehmen, die dem Dasein vor dem Angesicht Gottes und seiner Engel entspricht. Denn: „Vor dem Angesicht der Engel will ich dir Psalmen singen" (Benediktsregel 19,5; Ps 138,1).

Erinnert werde ich an diese größere Gemeinschaft, wenn bei uns im Kloster am Abend die an diesem Tag verstorbenen Mitbrüder verlesen werden, auch ganz unbekannte Namen vergangener Jahrhunderte, und wenn an einer Tafel die sogenannten Totenroteln, die Todesnachrichten aus anderen Klöstern der Welt, angeschlagen werden. So weitet sich mit immer neuen Namen mein Horizont hin auf die unendliche Schar derer, die bei Gott sind. O.L.

die Sargkammern der Mönche

Verbundenheit über Gruppengrenzen hinweg

„Die Sorge für die Kranken muss vor und über allem stehen."

BENEDIKTSREGEL 36,19

IN DER EINEN KLÖSTERLICHEN Gemeinschaft benennt Benedikt immer wieder die verschiedenen Gruppierungen. Er setzt ja seiner Gemeinschaft der Gottsuche keine spezifischen Ziele, die von den Mitgliedern bestimmte Voraussetzungen etwa der Bildung und Tüchtigkeit erfordern. Er hat in seiner Gemeinschaft Menschen vornehmer Abkunft und hoher Bildung und solche, die nicht einmal schreiben können und so bei der Profess ihre Urkunde von einem anderen schreiben lassen. Er kennt Mönche, die über eine Kunstfertigkeit verfügen und für das Kloster Beträchtliches leisten. Und er kennt die, die sich mit allem schwertun. Seine besondere Sorge gilt aber gerade den Schwachen.

Der Wirtschaftsverwalter soll sich besonders „um Kranke, Kinder, Gäste und Arme kümmern" (Benediktsregel 31,9). Das 36. Kapitel handelt von den kranken Brüdern. Die Sorge für sie muss „vor und über allem stehen", damit in ihnen wahrhaft Christus gedient wird (Benediktsregel 36,1). Benedikt warnt in besonderer Weise davor, dass sie vernachlässigt werden. Er weiß um alle Schwierigkeiten, auch darum, dass manche Kranke durch übertriebene Ansprüche die Mitbrüder, die sie pflegen, betrüben. „Doch auch solche Kranke müssen in Geduld ertragen werden; durch sie erlangt man größeren Lohn" (Benediktsregel 36,5).

Den Kranken zeigt Benedikt großes Entgegenkommen; so oft es ihnen guttut, biete man ihnen ein Bad an. Den ganz

Schwachen ist zur Wiederherstellung ihrer Gesundheit der Fleischgenuss erlaubt. Die Kranken oder auch die Empfindlichen sollen freilich nicht müßig, vom Dienste der Gemeinschaft gelöst sein, auch sie sollen eine geeignete Beschäftigung erhalten, freilich so, dass sie nicht durch zu große Last der Arbeit erdrückt werden (Benediktsregel 48,24).

Von den Alten und den Kindern, bei denen die menschliche Natur von sich aus zur Barmherzigkeit neigt, will die Regel doch auch ausdrücklich sprechen – dass auf ihre Schwäche geachtet werde, mit gütigem Verständnis, dass sie etwa schon vor der festgesetzten Zeit etwas essen dürfen (Benediktsregel 37,3). Benedikt kennt ja innerhalb der klösterlichen Gemeinschaft auch die Knaben, die von allen zur Ordnung angehalten werden, freilich „immer maßvoll und überlegt" (Benediktsregel 70,5).

Auch wenn es unter den Mönchen engere Verbindungen, etwa durch Blutsverwandtschaft, gibt, darf dies zu keiner Bevorzugung führen, dass einer als Verteidiger oder Beschützer des anderen auftritt (Benediktsregel 69).

Selbstverständlich ist gerade die klösterliche Gemeinschaft durch das Miteinander verschiedener Generationen geprägt – ein Modell, das in der übrigen Gesellschaft durch Individualisierung und Mobilität seltener geworden ist und doch eine Fülle wichtiger menschlicher Erfahrungen schenkt. Immer wieder rückt eine neue Generation mit einem anderen Lebensgefühl in den Kreis der Gemeinschaft. Das Älterwerden bis hin zum Sterben steht der ganzen Gemeinschaft vor Augen.

Natürlich kann es auch in der klösterlichen Gemeinschaft zu Schieflagen kommen – dass der Nachwuchs, die Jugend, ausbleibt und eine Gemeinschaft überaltert, dass eine junge Gemeinschaft der Erfahrung der Älteren entbehrt, dass in einer Gemeinschaft die mittlere Generation ausfällt und damit ein gesundes Potential an Führungskräften. Manchmal kann auch eine klösterliche Generation bei der Besetzung von Ämtern leer ausgehen.

Von einem Schweizer Benediktiner hörte ich in der Zeit nach dem Zweiten Vatikanischen Konzil einmal die Klage: „Es ist seltsam. Als wir jung waren, regierten bei uns die Alten. Jetzt, wo wir alt sind, regieren die Jungen." Für das Zusammen der Generationen gibt Benedikt zweimal die schöne Weisung aus: „Die Älteren ehren, die Jüngeren lieben." (Benediktsregel 4,70f und 63,10) Die Jüngeren, die gerne auf ihre neuen Erkenntnisse und ihre Tüchtigkeit vertrauen, sollen den Erfahrungsschatz der Älteren, ihre Lebensleistung und ihre Treue achten, ihnen

Säulenvorhalle der Basilika St. Bonifaz

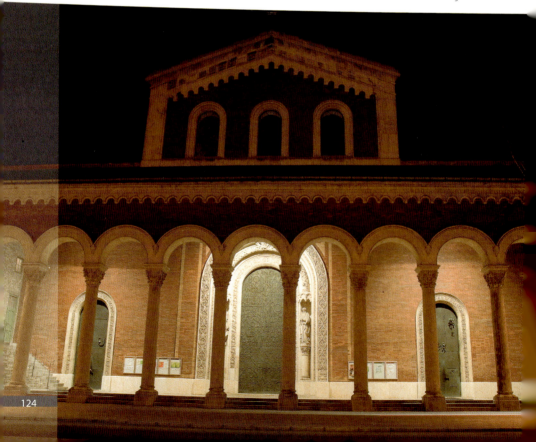

mit Ehrfurcht begegnen. Die Älteren sollen die Jüngeren nicht als Bedrohung empfinden, sondern ihnen Liebe entgegenbringen, ihre Entwicklung mit Wohlwollen begleiten und damit von Herzen die Zukunft der Gemeinschaft bejahen.

Eine besondere Gruppierung innerhalb der klösterlichen Gemeinschaft benennt die Regel mit den Priestern und Diakonen. Zunächst besteht ja Benedikts Gemeinschaft aus Laien. Aber zur kirchlichen Gemeinschaft gehört der priesterliche Dienst. Darum kann auch jemand aus dem Priesterstand in die klösterliche Gemeinschaft aufgenommen werden, oder der Abt kann Mitglieder auswählen, die diesen Dienst versehen können. Die Regel zeichnet ein Bild der brüderlichen, geschwisterlichen Kirche. Die Priester nehmen den Platz ein, der ihrem

Altabt Odilo Lechner mit seinem Nachfolger, Abt Johannes Eckert

Benediktskapelle der Basilika St. Bonifaz

Eintritt ins Kloster entspricht, aber sie nehmen einen höheren Platz ein, wenn sie den Segen sprechen und Gottesdienst halten. Für sie gilt die ganze Strenge der Regel. Das priesterliche Amt soll für keinen ein Anlass sein „den Gehorsam und die Ordnung der Regel zu vergessen, sondern er schreite mehr und mehr auf Gott zu" (Benediktsregel 62,4).

Gewiss fand schon bald in der Geschichte der Benediktinerklöster durch ihre seelsorglichen Aufgaben eine gewisse Klerikalisierung statt. Bis ins 20. Jahrhundert bestand die klösterliche Gemeinschaft aus zwei Gruppierungen: den Priestermönchen, die die eigentlichen, vollberechtigten Mönche waren, und den Brüdern, die für die niederen Dienste zuständig und ohne Kapitelsrechte waren. Erst im Gefolge des Zweiten Vatikanischen

Odilo im Gottesdienst

Konzils wurde die Einheit der klösterlichen Gemeinschaft im Sinne Benedikts wiederhergestellt: eine Gemeinschaft mit gleichen Rechten, mit feierlicher Profess, mit dem gemeinsamen Chorgebet, aber mit der Einschränkung, dass gewisse Ämter wie das des Abtes an das priesterliche Amt gebunden sind. So kann das Kloster wieder wirklich Kirche im Kleinen sein. Gemeinschaft, in der Priester und Laien gemeinsam die Verantwortung tragen.

Als unser Konvent 2003 meinen Nachfolger P. Johannes wählte, ist mir das Zusammen der verschiedenen Generationen in der klösterlichen Gemeinschaft besonders bewusst geworden. Ich erinnerte mich, dass mich der junge Fr. Johannes öfter zu einer dem Kloster sehr verbundenen, aber auch leidgeprüften Frau begleitet hatte und sie öfters betreute. Vor ihrem Tod sagte sie mir einmal vertraulich: Der wäre doch der rechte Nachfolger für Sie. Ich schüttelte zunächst den Kopf, weil er dafür doch noch viel zu jung sei. Nun aber war das Wort dieser Frau, die im Krieg ihren Mann und dann 1965 auch noch den einzigen Sohn einundzwanzigjährig durch ein Lawinenunglück verloren hatte, in Erfüllung gegangen – ein Wort liebevoller Erkenntnis, das die Generationen im Kloster zusammenband. O.L.

Das Zusammenleben mit alten Menschen

„Die verschiedenen Generationen hier im Kloster sehe ich als große Bereicherung."
Br. Zacharias Heyes (38)
Zuständig für Schulseelsorge und Gesprächsbegleitung
in der Gästebetreuung der Abtei Münsterschwarzach

Abt Odilo schreibt, dass eine Klostergemeinschaft auch diejenigen einschließt, die gerade nicht anwesend sein können. Ordensmitglieder auf Reisen, in den Missionen, kranke und alte Menschen, die nur noch eingeschränkt am Gemeinschaftsleben teilnehmen können.

Das Thema „Alterspyramide" ist ein Problem, das unsere Gesellschaft seit geraumer Zeit beschäftigt. Manche Konvente sind ein Spiegelbild unserer Gesellschaft: Sie bestehen vorwiegend aus betagten Mitgliedern. Dort ist das Gleichgewicht der Generationen aus den Fugen geraten. Man merkt in diesen Klöstern, dass mit der schwindenden Zahl der Bewohner etwas zu Ende geht. Eine bedrückende Atmosphäre macht sich breit. Genauso wie in Altenheimen, in denen alte Menschen manchmal abgeschoben dahindämmern, um ihren „Lebensabend" zu verbringen. Ganz anders in Konventen, die von vielen Generationen belebt werden. Dort herrscht im wahrsten Sinne des Worts Leben. Es ist lebendig, es geht etwas voran. Ähnlich wie in Privathäusern, die von Jung und Alt bewohnt werden.

Benedikt hatte für die alten Menschen eine große Wertschätzung: „Die Jüngeren sollen also die Alten ehren, die Älteren die Jüngeren lieben" (Benediktsregel 63,10). Das Thema war ihm wichtig. Er wusste um die Schwächen Betagter: „Zwar neigt der Mensch schon von Natur aus zu barmherziger Rücksicht auf die Lage der Alten und der Kinder; doch soll auch durch die Autorität der Regel für sie gesorgt sein … Wo immer Brüder einander begegnen, bittet der Jüngere den Älteren um den Segen" (Benediktsregel 37,10.15). Und er legte deshalb ganz klar fest, dass man sich um sie zu kümmern habe. Benedikt kannte aber auch die Stärken alter Menschen, und weist deshalb immer wieder darauf hin, dass man sie um ihren Rat fragen solle.

In großen Konventen beeindruckt mich ein bestimmtes Ritual ganz besonders: Wenn die Mönche in der Reihenfolge in den Chor einziehen, in der sie ins Kloster eingetreten sind. Da kommen die alten Menschen zuerst, gefolgt von den jüngeren Generationen. Dies macht die Generationenvielfalt eines Klosters deutlich, es dokumentiert aber auch die Wertschätzung der alten Ordensmitglieder. Man lässt ihnen den Vortritt.

Für uns Menschen außerhalb der Klostermauern hat dieses Bild viel zu sagen; wir sollen

alte Menschen nicht „abschieben",
- sondern sie ernst nehmen
- sie integrieren
- sie mit Respekt behandeln
- von ihrer Erfahrung profitieren.

Das Familienmodell von früher, bei dem verschiedene Generationen unter einem Dach lebten, gibt es allenfalls noch auf dem Land. In den Städten sind die Wohnungen zu klein und die Menschen vermeintlich zu beschäftigt, um sich um die Alten zu kümmern. Alten Menschen bleibt oft nur das Heim, wo sie kleinen Beschäftigungen nachgehen, die sie intellektuell nicht fordern. Im Kloster gibt es keine Rentner. Alte Menschen haben noch Aufgaben, die von ihnen Disziplin und einen geregelten Tagesablauf abfordern. So machen sie sich für die Gesellschaft nützlich und leben nicht in den Tag hinein. Dieses System scheint sie länger fit zu halten.

Nach einer neueren Untersuchung leben Mönche im Durchschnitt drei Jahre länger als ihre Altersgenossen außerhalb der Klostermauern (Studie von Professor Dr. Marc Luy an der Universität Rostock, veröffentlicht vom Bundesinstitut für Bevölkerungsforschung beim Statistischen Bundesamt, 2002). Ein gutes Modell für unsere Arbeitswelt. Man könnte bewährte ältere Mitarbeiter erst nach und nach aus ihrer Tätigkeit entlassen. Ihnen Aufgaben übertragen, die sie noch bewältigen können. So wären sie zwar nicht einen ganzen Arbeitstag im Einsatz, könnten aber ihre Erfahrungen noch an verschiedenen Stellen einbringen. Dem Unternehmen wäre das nützlich und dem Betreffenden hilfreich, denn er wäre nicht von heute auf morgen aufs Abstellgleis befördert. Die Aufgabe in diesem Fall ist nur, das rechte Maß zu finden.

Genauso in den Familien: Auch hier lassen sich alte Menschen motivieren, indem man ihnen Verantwortung gibt und ihnen damit zeigt, dass sie „noch etwas wert sind", ein wichtiges Mitglied des Familienverbands.

P.A.

Die Förderung der Jungen

DORT, WO DIE CHEMIE STIMMT, gibt es Nachwuchs. Dies ist in Klöstern genauso wie in weltlichen Unternehmen. So lange es Visionen von Zukunft gibt, ist eine Sache lebendig. Dann fühlen sich junge Menschen angesprochen und angezogen.

Wenn eine Gemeinschaft oder auch eine einzelne Person nur auf die Vergangenheit ausgerichtet ist, nach dem Motto „Früher war alles besser", werden junge Menschen abgeschreckt. Genauso, wenn eine Organisation erstarrt ist – „Das haben wir doch immer schon so gemacht" – und sich um die Zukunft keine Gedanken macht. Dann ist sie festgefahren und für junge Menschen nicht mehr reizvoll. Das gilt für Familie, Schule und Ausbildung gleichermaßen.

Nachwuchs ist das Potenzial der Zukunft. Deshalb stehen die Novizen, der Klosternachwuchs, unter besonderem Schutz. „Ein erfahrener Bruder werde für sie bestimmt, der geeignet ist, Menschen zu gewinnen, und der sich mit aller Sorgfalt ihrer annimmt" (Benediktsregel 58,6). Zwei Jahre dauert das Noviziat gewöhnlich. Die Novizen erhalten in dieser Zeit Unterricht, wohnen

Pforten-Dienstplan im Kloster St. Bonifaz

in einem eigenen Bereich des Klosters und haben als speziellen Ansprechpartner den Novizenmeister.

Auf zwei Jahre ist auch die Ausbildung in dem meisten Lehrberufen außerhalb der Klöster ausgelegt. Oft hat man aber nicht den Eindruck, dass die Auszubildenden in dieser Zeit Gelegenheit haben, sich in Ruhe zu entwickeln. Sie werden nicht selten ziemlich bald ins kalte Wasser geworfen und müssen Aufgaben übernehmen, die sie menschlich und fachlich überfordern.

Zu Benedikts Zeiten wurden sogar Kinder ins Kloster aufgenommen. Heutzutage steigt das Eintrittsalter der Novizen. Menschen entscheiden sich später, ins Kloster zu gehen. Wenn sie bereits über eine gewisse Lebenserfahrung verfügen und sich ihrer Sache sicherer sind. Manche Klöster nehmen Kandidaten ohnehin erst auf, wenn sie eine abgeschlossene Berufsausbildung haben.

Benedikt schätzte gerade die Jungen: „Dass aber alle zur Beratung zu rufen seien, haben wir deshalb gesagt, weil der Herr oft einem Jüngeren offenbart, was das Bessere ist" (Benediktsregel 3,3). Hier ist die Lebenserfahrung des Ordensvater wieder einmal klar erkennbar: Junge Menschen sind noch nicht festgefahren, sie bringen neue Ideen ein. Sie sind manchmal Querdenker, deshalb ist ihre Meinung wichtig. Gerade auch in unserer Gesellschaft.

Nehmen Sie gerade die jungen Menschen ernst:
- Begegnen Sie ihnen mit Wohlwollen.
- Widmen Sie ihnen besondere Aufmerksamkeit.
- Fragen Sie sie nach ihrer Meinung.
- Geben Sie ihnen Zeit zur Entwicklung.
- Fordern Sie sie, aber überfordern Sie sie nicht.

Die Älteren sollten keine Angst vor der Energie und dem Tatendrang der Jungen haben und deshalb nicht versuchen, sie in ein Korsett zu stecken. Führung im rechten Maß bedeutet, junge Menschen sanft zu lenken, nicht, sie einzuengen. Wer ihnen das Gefühl vermittelt, sie ernst zu nehmen, und sie nicht „von oben herab" behandelt, dem werden sie mit dem gleichen Respekt begegnen.

P. A.

Die Sorge für die Kranken

„Der Prior oder ich machen täglich einen Besuch auf der Krankenstation."
Abt Michael Reepen (53)
Abtei Münsterschwarzach

Kranke bedürfen der besonderen Aufmerksamkeit. Benedikt macht dies ganz deutlich: „Der Abt sehe es als eine Hauptaufgabe an, dass die Kranken weder vom Cellerar noch von den Pflegern vernachlässigt werden. Auf ihn fällt zurück, was immer die Jünger verschulden" (Benediktsregel 36,10).

Kranke empfinden wir doch manches Mal als Belastung. Man muss sich verstärkt um sie kümmern, und das erfordert Zeit. Mehr Zeit, als wir manchmal haben (wollen). Da heißt es Prioritäten zu setzen und andere Dinge hintanzustellen. Denn gerade wer krank ist, braucht besondere Zuwendung. Das hat sicherlich jeder schon erlebt, selbst wenn er nur mit einer Grippe im Bett lag. Man freut sich, wenn man eine Tasse Tee ans Bett bekommt, wenn man weiß, es ist jemand in der Nähe, auf den man sich verlassen kann.

Schenken Sie Kranken Ihre besondere Aufmerksamkeit:
- Lassen Sie sie nicht links liegen.
- Machen Sie ihnen deutlich, dass Sie für sie da sind.
- Betreuen Sie sie gut und motivieren Sie sie so, dass sie bald wieder gesund werden.

Nicht nur die Gesunden sollen ihrer Aufgabe nachkommen, auch die Kranken haben eine Verpflichtung: „Aber auch die Kran-

...andbild von Lilian Moreno-Sánchez in der Chorkapelle von St. Bonifaz

ken mögen bedenken, dass man ihnen dient, um Gott zu ehren; sie sollen ihre Brüder, die ihnen dienen, nicht durch übertriebene Ansprüche traurig machen" (Benediktsregel 36,4). Als Kranker sollte man seine Lage also nicht ausnutzen und keine überzogenen Forderungen stellen. Manchmal hat man den Eindruck, jemand gehe in seiner Krankheit auf: Endlich bekommt er die Aufmerksamkeit, die ihm gebührt. Solcher „Krankheitsgewinn" bekommt weder dem Kranken gut noch dem Pfleger.

Anders verhält es sich bei chronisch Kranken oder behinderten Menschen. Sie stehen sozusagen unter dauerhaftem Schutz. Man kann ihr Wohlbefinden aber noch unterstützen, indem man ihnen kleine Aufgaben überträgt. So können sie sich nach ihren

Möglichkeiten nützlich machen und erfahren gleichzeitig eine Ablenkung.

In Deutschland gibt es gesetzliche Vorschriften, die eine bestimmte Quote von behinderten Menschen bei den Mitarbeitern vorsieht. Viele Unternehmen „kaufen sich davon frei", zahlen lieber, als behinderte Menschen einzustellen. Abgesehen davon, dass ein solches Verhalten als unsolidarisch und unsozial einzuschätzen ist, verzichten diese Betriebe auch auf ein großes Potential an Begabungen. Statt nur über Fachkräftemangel zu klagen, könnten die Unternehmen vielmehr diese „versteckten" Talente nutzen.

P. A.

„Dein Antlitz leuchtet Frieden"

> „Hat man die Gäste aufgenommen, nehme man sie mit zum Gebet."
>
> BENEDIKTSREGEL 53,8

DAS 53. KAPITEL DER BENEDIKTSREGEL beginnt mit den Worten: „Alle Fremden, die kommen, sollen aufgenommen werden wie Christus; denn er wird sagen: ich war fremd und ihr habt mich aufgenommen." So soll allen entsprechende Ehrerbietung entgegengebracht werden. Verschiedene Gruppen hebt der Text besonders hervor: Brüder im Glauben, Pilger, Fremde und Arme. Den Gästen soll man mit dienstbereiter Liebe und in tiefer Demut begegnen. Man verneigt sich vor ihnen, man nimmt sie mit zum Gebet, liest ihnen zur Erbauung die Weisung Gottes vor und erweist ihnen alle Menschenfreundlichkeit.

Wenn das Benediktinerkloster schon bald im Lauf der Geschichte verschiedenste Aufgaben in Kirche und Welt übernommen hat, Seelsorge, kulturelle und soziale Tätigkeit, kann man dies als erweiterte Gastfreundschaft sehen. Es gilt, Anteil zu geben am eigenen Leben, an der eigenen Ordnung, an dem eigenen Weg zu Gott. Menschen des Umlands, Suchende und Fremde sollen teilhaben an diesem Weg zu Gott. Die leibliche und seelische Stärkung, die anderen gewährt wird, geschieht als Werk der ganzen klösterlichen Gemeinschaft. Sie ist ja *ecclesiola,* Kirche im Kleinen, die in ihrem Beten und Wirken immer auch missionarisch ist, die die Botschaft, aus der sie lebt, weitergibt. Dies ist Antwort auf die Anfragen und das Suchen der Menschen.

Gleich am Anfang soll mit den Gästen gebetet und als Zeichen der Gemeinschaft der Friedenskuss ausgetauscht werden.

Frater Emmanuel bei der täglichen Obdachlosen-Mahlzeit

„Sie sollen sich zusammenfinden in Frieden" *(sibi socientur in pace)* (Benediktsregel 53,4). Als 16-Jähriger durfte ich 1947 zum Benediktusfest eine Ode Reinhold Schneiders an Benedikt vortragen. Einige Strophen dieses großen Geschichtsdeuters und Dichters blieben mir unvergesslich.

> „Den Frieden zu gewinnen
> verließest du die Welt.
> So hast du ewige Zinnen
> tief in die Flut gestellt …
>
> Dein Antlitz leuchtet Frieden.
> Dir ist der Tag bestellt,
> lass, von der Welt geschieden,
> uns Friede sein der Welt."

Da ist das Werk Benedikts treffend beschrieben. Den Frieden suchen erfordert Distanz zur Welt der verschiedenen Interessen und hasserfüllten Gegensätze. Den Frieden in die Welt zu tragen ist Aufgabe dessen, der Frieden in sich gefunden hat.

Wie vom mittelalterlichen Cluny, in einer Zeit bitterer Fehden, die *treuga Dei,* die Gottesfriedensbewegung, ausging, so hoffe ich, dass von unseren Klöstern, in denen Menschen Rat suchen oder sich gemeinsam beraten, eine Botschaft des Friedens und der Versöhnung ausgehen kann.

„Dein Antlitz leuchtet in Frieden" – das begegnet mir besonders an einem Mitbruder, der, ein paar Jahre älter als ich, mir zum Vorbild wurde, wie er als Seelsorger und Religionslehrer, später als Pfarrer, Dekan und Wallfahrtskurat mit liebenswürdiger Heiterkeit Menschen für das Evangelium gewann. Er hat sich für Christen in Lateinamerika rastlos eingesetzt. Nun ist er, im hohen Alter und von mancher Krankheit gezeichnet, weiter ein unermüdlicher Beter und Seelsorger, aber auch ein Mitbruder, der zu jedem Dienst in der Gemeinschaft bereit ist und es sich nicht nehmen lässt, für die anderen in der Sakristei alles vorzubereiten. So gehen von seiner demütigen Dienstbereitschaft Gelassenheit und Frieden aus.

O.L.

Die Aufnahme von Fremden

„Wir sind ja immer auch in den Missionen gewesen und haben Gäste von dort im Kloster. Von daher sind wir es gewohnt, uns mit fremden Kulturen auseinanderzusetzen."

P. Aurelian Feser (64)
Prior des Klosters Jakobsberg bei Bingen

Der Begriff „Fremder" drückt erst einmal Distanz aus. Ein Fremder ist eine unbekannte Person. Man weiß nicht, was von ihr zu erwarten ist. Ihr Verhalten könnte auf uns „befremdlich" wirken. Diese Vorbehalte werden ganz deutlich in Worten wie „Fremdarbeiter". Zum Glück sind sie fast ganz aus unserem Wortschatz verschwunden. Wie viel besser hören sich doch „Gästezimmer" an als

„Fremdenzimmer". Denn einem Gast tritt man sehr viel positiver gegenüber. „Der Gast ist König", heißt es im Volksmund.

Benedikt ist Fremden gegenüber offen: „Es kann sein, dass ein fremder Mönch von weither kommt und als Gast im Kloster bleiben möchte. Wenn er mit der Lebensweise, die er dort antrifft, zufrieden ist und nicht etwa durch übertriebene Ansprüche Verwirrung ins Kloster bringt, sondern sich ohne Umstände mit dem, was er vorfindet, begnügt, nehme man ihn auf, und er bleibe, solange er will" (Benediktsregel 61,1–3).

Ohne Vorbehalte soll man also Fremden die Tür öffnen, und sie auch über längere Zeit beherbergen. Sehr weitblickend ermahnt Benedikt zudem, dass man ein offenes Ohr für Fremde haben solle. Denn sie könnten einen aufgrund ihres ungetrübten Blicks auf Dinge aufmerksam machen, die man selbst nicht mehr bemerkt, weil man betriebsblind ist: „Sollte er (der Fremde) in Demut und Liebe eine begründete Kritik äußern oder auf etwas aufmerksam machen, so erwäge der Abt klug, ob der Herr ihn nicht vielleicht gerade deshalb geschickt hat" (Benediktsregel 61,4).

Klöster gründeten Missionen auf allen Kontinenten, teilweise in Regionen, die bis dato noch nicht von Fremden besucht worden waren. In den Klöstern sind auch immer wieder Gäste aus den Missionsgebieten zu Besuch. Ausländische Mitschwestern oder -brüder kommen manchmal für eine längere Zeit in ein deutsches Kloster, um dort mit zu leben und zu arbeiten.

Was wir als eine Novität unserer Zeit der „Globalisierung" betrachten, nämlich internationale Kontakte zu knüpfen, weltweit Geschäfte zu machen, unsere Kinder zu einem Austauschjahr in eine ausländische Schule zu schicken oder mehrere Semester in Übersee zu studieren, ist für Klöster nichts Neues. Ordensleute mussten immer schon offen sein gegenüber Fremden.

Wir weisen den Fremden manchmal die Tür. Der türkischen Familie in unserer Nachbarschaft, dem polnischen Arbeiter auf der Baustelle, dem chinesischen Händler. Zwar gilt es als exotisch, seinen Urlaub im fernen Ausland zu verbringen, und es ist selbstverständlich, in ein ausländisches Restaurant zum Essen zu gehen. Aber die eigene Haustür möchte man dann doch lieber verschlossen halten.

Dabei können Fremde bereichernd sein, weil sie Unbekanntes, Überraschendes mit sich bringen. Sie öffnen die Augen für eine andere Lebensart. Im Urlaub empfindet man es als ein besonderes Erlebnis, mit Einheimischen in Kontakt gekommen zu sein oder in Restaurants zu essen, die nur von Einheimischen besucht werden und nicht von Touristen, oder gar von Einheimischen nach Hause eingeladen zu werden. Solche Begegnungen animieren uns, über den Tellerrand hinauszuschauen. Sie lehren uns auch, mit Fremden sorgsam umzugehen, ihre Sitten und Gebräuche zu achten. In gleichem Maß, wie wir in der Fremde aufgenommen werden möchten, sollten wir selbst auch in unserem Land Fremden begegnen. Denn Gastfreundschaft ist keine Einbahnstraße.

P. A.

Gastfreundschaft

„Gäste sind bei uns immer im Haus. Ich achte darauf, dass sie bei Tisch gut und reichlich versorgt werden."
Sr. Immolula Blesch (87)
Betreuerin im Gästespeisezimmer
des Klosters Bernried am Starnberger See

Gäste sind in Klöstern selbstverständlich. Immer gibt es Gastzimmer, manchmal sogar eigene Gästehäuser. Bei meinen vielen Besuchen in Klöstern bin ich überall mit großer Freundlichkeit aufgenommen und betreut worden. Dort herrscht eine besondere Art der Aufmerksamkeit gegenüber Gästen, selbst in Konventen, die regelmäßig größere Gruppen beherbergen. Das Wort Gast-„Freundschaft" wird im wörtlichen Sinne praktiziert und den Besuchern selbstverständlich Tisch und Bett angeboten.

Benedikt betont in seiner Regel die besondere Wertschätzung, die man den Gästen gegenüber an den Tag legen sollte: „Der Abt habe seinen Tisch immer mit Gästen und Pilgern gemeinsam" (Benediktsregel 56,1). Besuchern sollte also die Ehre zuteil werden, am Tisch des Klostervorstehers zu essen, der sogar den Gästen zuliebe das Fasten brechen durfte: „Das Fasten breche der Obere dem Gast zuliebe, nur nicht an einem allgemein vorgeschriebenen Fasttag, der eingehalten werden muss" (Benediktsregel 53,10).

Mittlerweile halten es viele Klöster so, dass sie die Gäste in einem eigenen Gästespeisezimmer, dem Gästerefektorium, verpflegen, so dass man selten mit den Ordensleuten an einem Tisch sitzt. Aber es gibt immer eine Gastschwester oder einen

Refektorium im Kloster St. Bonifaz

Gastpater, der im Speisesaal darauf achtet, dass die Gäste gut versorgt sind. Von vielen Klöstern weiß ich, dass die Ordensleute selbst sehr viel bescheideneres Essen bekommen als die Gäste.

Auch die Gästezimmer sind manches Mal komfortabler ausgestattet als die Klosterzellen. Der Abt eines großen Klosters erzählte mir einmal, dass man im dortigen Konvent diskutierte, ob die Mönchszellen im Rahmen einer Renovierungsmaßnahme eigene Bäder bekommen sollten. Man hielt dies dann aber nicht für notwendig und entschied sich dagegen. Die Gästezimmer der Abtei aber haben selbstverständlich eigene Bäder. Darin spiegelt sich wider, was Benedikt meinte:

- Gäste als ein Geschenk zu betrachten und nicht als Last
- sie mit Freundschaft zu empfangen und zu betreuen
- das Beste mit ihnen zu teilen und sie so zu behandeln, dass sie gerne wiederkommen
- ihnen so zu begegnen, wie man selbst aufgenommen werden möchte.

P. A.

Refektorium im Kloster Andechs

v. Mit Störungen umgehen

Das Murren

„Dazu mahnen wir vor allem: man unterlasse das Murren."

BENEDIKTSREGEL 40,9

DER GEGENSATZ ZUR GRUNDHALTUNG des „freudigen Eifers" ist das „Murren". Vor ihm warnt die Benediktsregel an vielen Stellen. „Vor allem darf niemals das Übel des Murrens aufkommen, in keinem Wort und keiner Andeutung, was auch immer als Anlass vorliegen mag" (Benediktsregel 34,6). Das ist die Ursünde des Gottesvolkes in der Wüste, dass es gegen die Führung Gottes murrt, dass es verdrossen sich zurücksehnt nach den Fleischtöpfen Ägyptens. Mürrische Unzufriedenheit entsteht ja aus dem Vergleich mit anderem, mit anderen Zeiten, mit anderen Menschen und Orten. So wird man unzufrieden mit der eigenen Situation und der eigenen Gemeinschaft. Gott freilich nimmt „das Murren des Herzens wahr", er liebt nur den „fröhlichen Geber" (Benediktsregel 5).

Es geht also darum, dass der Mensch seine Situation, seine Umgebung immer neu annimmt und bejaht. Gerade darin besteht der klösterliche Wandel, die Umkehr, die Hinwendung zu Gott, dass ich mich in meinem Hier und Jetzt Gott zuwende. Die Erkenntnis, dass ich, dass die Welt anders, ganz anders sein müsste, führt also nicht zu Verdrießlichkeit oder Verzweiflung, zu Flucht oder Resignation, sondern soll hinführen zur Bejahung des Jetzt und Hier, meiner Welt und meiner Umgebung. In der konkreten Situation kann ich den Anruf der Liebe Gottes erfahren und auf ihn mein Leben hinordnen.

Sosehr der Mensch das Murren vermeiden soll, so sehr wird andererseits der Abt gemahnt, alles so zu ordnen „dass es den Brüdern zum Heil dient und sie ohne einen berechtigten Grund zum Murren ihre Arbeit tun können" (Benediktsregel 41,5). So sorgt die Regel von beiden Seiten her für die Vermeidung des Murrens: durch die innere Bereitschaft der Mönche, und durch die Schaffung von günstigen Bedingungen für diese Bereitschaft. Benedikt weiß um die Versuchbarkeit und Schwäche des Menschen.

Verdrossenheit, Unzufriedenheit, Murren scheinen freilich gerade die Menschen zu befallen, die eigentlich alles haben, was sie brauchen. Und selbstverständlich begegnen wir auch im Kloster mürrischen Mönchen, die, wie Benedikt schildert, einen Befehl „lustlos oder gar mit Murren und Widerrede" ausführen. Auch der Abt ist in Versuchung, lieber den, der ein freudiges Ja sagen kann, mit einem Auftrag zu betrauen, als einen, der nur mit Widerstreben gehorcht. Trotzdem ist meine Erfahrung, dass glaubende Christen, dass Ordensleute zuversichtlicher in die Zukunft schauen und sich gerne Aufgaben widmen, die der Allgemeinheit dienen und nicht dem eigenen Nutzen.

O.L.

Zurechtweisung und Sanktionen

„Mit größter Sorge muss der Abt sich um die Brüder kümmern, die sich verfehlen."

BENEDIKTSREGEL 27,1

IM MURREN ZEIGT SICH in besonderer Weise die Versuchbarkeit und sündige Schwäche des Menschen, sein Nein zu Gottes Willen. Benedikt weiß, dass jeder Mönch bis hin zum Abt der Versuchung ausgesetzt ist. Er benennt: Unmäßigkeit, maßlosen Zorn, Neid, Eifersucht, Streitsucht, Unaufrichtigkeit, Rachsucht und Stolz. Benedikt rechnet durchaus mit Schlimmem: dass der Abt anders handelt, als er anderen vorschreibt, oder dass die ganze Gemeinschaft jemanden zum Abt wählt, der mit ihrem sündhaften Leben einverstanden ist. Wie im letzteren Fall (Benediktsregel 64,3–5) andere (Bischof, Äbte, benachbarte Christen) eingreifen sollen, so muss es ansonsten die Sorge des Abtes sein, auf die Verfehlungen hinzuweisen, nach dem Beispiel des Apostels: „Tadle, ermutige, weise streng zurecht" (Benediktsregel 2,23; 2 Tim 4,2). Dabei soll der Abt den entschlossenen Ernst des Meisters und die liebevolle Güte des Vaters zeigen: „Härter tadeln muss er solche, die keine Zucht kennen und keine Ruhe geben; zum Fortschritt im Guten ermutige er alle, die gehorsam, willig und geduldig sind;

streng zurechtweisen und bestrafen soll er jene, die nachlässig und widerspenstig sind" (Benediktsregel 2,24f).

Nach der Weisung des Herrn (Mt 18,15–17) soll einer, der sich verfehlt hat, einmal und ein zweites Mal im Geheimen und dann öffentlich vor allen zurechtgewiesen werden (Benediktsregel 23). An Strafen kennt Benedikt die Ausschließung vom gemeinsamen Mahl, bei schwereren Verfehlungen auch vom gemeinsamen Gebet. Der Fehlende muss in Trauer und Buße verharren, um dann wieder in die Gemeinschaft aufgenommen zu werden. (Benediktsregel 24–26). So soll er sich bewusst werden, dass er sich vom Herrn und von der Gemeinschaft entfernt hat. Benedikt kennt freilich auch, dem allgemeinen Brauch der Zeit entsprechend, für die, die nicht einsichtig sind oder auch die Bedeutung der Ausschließung nicht recht verstehen, körperliche Strafen, also Schläge. „Nach Alter und

Einsicht muss es unterschiedliche Maßstäbe geben" (Benediktsregel 30,1).

Um die sich Verfehlenden und die Ausgeschlossenen muss sich freilich der Abt mit größter Sorge mühen, denn „nicht die Gesunden brauchen den Arzt, sondern die Kranken" (Benediktsregel 27,1). So schicke er zu den Ausgeschlossenen weise Brüder, die sie trösten und zur Buße bewegen. Wenn ein Bruder aber sich gar nicht bessert, wenn schärfere Strafen und alle Ermahnungen nichts nützen, dann soll noch einmal das stärkste Mittel angewandt werden: „Alle Brüder beten für den kranken Bruder, dass der Herr, der alles vermag, ihm die Heilung schenkt" (Benediktsregel 28,4f). Wenn alles freilich vergeblich bleibt, kann ein Bruder auch aus der Gemeinschaft entfernt werden: „Ein räudiges Schaf soll nicht die ganze Herde anstecken" (Benediktsregel 28,8). Von großer Langmut zeugt freilich auch die Weisung Benedikts, dass Brüder, die das Kloster verlassen haben, bis zu dreimal wieder aufgenommen werden können (Benediktsregel 29).
O.L.

Verfehlungen – unverzeihlich oder menschlich?

„Wir haben auch unsere Schwächen und sind keine perfekten Menschen."
P. Meinrad Dufner (63)
Mönch in der Abtei Münsterschwarzach
Geistlicher Begleiter, Maler, Dichter und Ausstellungsmacher

Acht Kapitel widmet Benedikt dem Thema „Verfehlungen und Strafen". Der Kapitelaufbau liest sich wie eine Miniaturausgabe des Strafgesetzbuchs. War im Kloster mit so viel Ungehorsam zu rechnen? Ordensleute sind auch nur Menschen, und auf was sich Benedikt bezieht, ist ein Katalog menschlicher Schwächen. Schließlich konnte er schon auf eine große Erfahrung zurückschauen, als er die Regel für seine nachfolgenden Brüder und Schwestern schrieb. Er kannte seine Pappenheimer und lässt Verständnis für so manche menschliche Verfehlung durchblicken.

Menschliches Verhalten ist in Grundzügen über Jahrhunderte gleich geblieben, und so kann dieser Katalog an vielen Stellen für uns alle Hinweise auf einen „menschlichen" Umgang mit Fehlverhalten geben. Bemerkenswerterweise legte Benedikt keine Strafmaße fest, sondern war der Meinung, dies sei den Führungskräften im Kloster vorbehalten. Diese kennen ja die Situation vor Ort, und da jeder Fall zumindest in Nuancen anders ist, soll der Abt entscheiden, wie vorzugehen ist. Ein sehr weiser Schachzug Benedikts: „Nach der Schwere der Schuld muss sich das Maß von Ausschließung und Bestrafung richten. Es steht dem Abt zu, die Schwere der Schuld zu beurteilen" (Benediktsregel 24,1f).

So gibt Benedikt nur allgemeine Richtlinien. „Es kommt vor, dass ein Bruder trotzig oder ungehorsam oder hochmütig ist oder dass er murrt ... Wenn er sich so als Verächter erweist, werde er nach der Weisung unseres Herrn einmal und ein zweites Mal im Geheimen von seinen Vorgesetzten ermahnt" (Benediktsregel 23,1f).

Heute würde man Benedikts Weisung so interpretieren:
- Diskret jemanden auf sein Fehlverhalten aufmerksam machen
- Nichts an die große Glocke hängen.

Leichte Verfehlungen
„Wenn bei einem Bruder eine leichte Schuld festgestellt wird, werde er von der Teilnahme an der Mahlzeit ausgeschlossen" (Benediktsregel 24,3). Das erinnert ein wenig daran, dass Kinder in manchen Familien hin und wieder ohne Abendessen ins Bett geschickt werden, wenn sie nicht folgsam sind. Die Idee, die dahinter steht, ist aber:

- Deutlich machen, dass etwas nicht in Ordnung ist, aber keine schwere Bestrafung vornehmen.

Schwere Verfehlungen
„Der Bruder, auf dem eine schwere Schuld lastet, werde vom Tisch und vom Oratorium ausgeschlossen. Keiner der Brüder darf mit ihm in Verbindung treten oder mit ihm reden. Bei der aufgetragenen Arbeit sei er allein. Er verharre in Trauer und Buße ..." (Benediktsregel 25,1ff) Also:

- Zeitweiliger Ausschluss
- Befristetes Kontaktverbot, das bitter ist, aber auch Zeit zum Nachdenken gibt.

Mönche, die ausgeschlossen waren, durften mit ihren Mitbrüdern nicht in Kontakt treten. Sie hatten also quasi Einzelhaft. Aber - sie wurden keineswegs als für immer verloren betrachtet, sondern: „Mit größter Sorge muss der Abt sich um die Brüder kümmern, die sich verfehlen, denn nicht die Gesunden brauchen den Arzt, sondern die Kranken" (Benediktsregel 27,1). Verfehlungen sind in den Augen Benedikts verzeihlich: „Daher muss der Abt in jeder Hinsicht wie ein weiser Arzt vorgehen. Er schicke ... ältere weise Brüder. Diese sollen den schwankenden Bruder im persönlichen Gespräch trösten und ihn zu Demut und Buße bewegen. Sie sollen ihn trösten, damit er nicht in zu tiefe Traurigkeit versinkt" (Benediktsregel 27,2f). Das bedeutet:

- Sanktionen schließen ein, sich um die Betroffenen zu kümmern und sie nicht links liegen zu lassen.
- Es ist behutsam mit den Betroffenen umzugehen, ihnen sind Gespräche mit Erfahrenen anzubieten.
- Man soll sie trösten, damit sie nicht verzweifeln und depressiv werden. Man muss sie aufbauen, ein besonderes Augenmerk auf sie haben.

Wenn man aber sieht, dass jemand unverbesserlich ist, muss man nach Benedikt auch einen Schnitt machen: „Er (der Abt) wende zuerst lindernde Umschläge und Salben der Ermahnungen an, dann die Arzneien der Heiligen Schrift und schließlich wie ein Brenneisen Ausschließung und Rutenschläge" (Benediktsregel 28,3).

Auf unsere heutige Zeit gemünzt kann man sagen:

- Wenn nichts anderes hilft, muss man zu harten Maßnahmen greifen und sich gegebenenfalls von jemandem trennen.

Aus all den Erläuterungen Benedikts ist zu verstehen, dass er Verfehlungen für menschlich hält. Es sind Schwächen, die jeder von uns haben kann. Deshalb baut er auf Einsicht und Vermittlung. Die Tür verschließt er erst endgültig, wenn mit Besserung auf keinen Fall zu rechnen ist.

Dieses abgestufte Verhalten ist für Menschen außerhalb der Klostermauern nahezu eins zu eins umzusetzen. Besonders Führungskräfte sollten dabei beachten:

Wenn jemand Fehlverhalten zeigt,
- sollte man ihm die Chance geben, den Fehler wieder gutzumachen,
- indem man die Sache diskret behandelt und Möglichkeiten auslotet, den Fehler ohne großes Aufheben wiedergutzumachen.
- Erst wenn sich das Fehlverhalten wiederholt oder sogar verstärkt, sind härtere Maßnahmen angesagt.
- Also: Jedem Chancen lassen, keine vorschnelle endgültige Verurteilung vornehmen und Sanktionen sehr genau überdenken.

Konkret sollte in Unternehmen erst einmal das persönliche Gespräch mit dem Betroffenen gesucht werden. Vielleicht ergeben sich daraus bereits Anhaltspunkte für die Gründe des Verhaltens. Gegebenenfalls hat der Betroffene ja eine andere Sicht, die aus seiner individuellen Situation heraus begründet ist. Vielleicht gibt es aber auch strukturelle Probleme am Arbeitsplatz, die individuelles Fehlverhalten erklären. Oder private Gründe beeinträchtigen vorübergehend die Leistungsfähigkeit eines Mitarbeiters.

Gemeinsam mit dem Betroffenen kann dann an Problemlösungen gearbeitet werden.

Sollte das Vier-Augen-Gespräch nicht weiterführen, kann möglicherweise aber ein Gespräch mit der Abteilung oder dem Team etwas bringen. Auch hieraus kann sich ergeben, dass vermeintlich individuelle Fehler auf die Organisationsstruktur zurückzuführen sind. Zu extremen Maßnahmen wie Abmahnungen, Versetzungen oder gar Kündigungen sollte es nur kommen, wenn alle anderen Versuche ins Leere gelaufen sind. P.A.

Zeichen der Neubesinnung

„Gemeinsam in diesen heiligen Tagen die früheren Nachlässigkeiten tilgen ..."

BENEDIKTSREGEL 49,3

VERFEHLUNGEN BETREFFEN IMMER auch die ganze Gemeinschaft, verwunden sie und sollen auch gemeinsam überwunden werden. Verborgene Sünden sollen geheim bleiben und im Gespräch mit dem geistlichen Vater Verzeihung erlangen. Aber sonst ist es wichtig, dass auch vor der Gemeinschaft und mit der Gemeinschaft der Weg der Buße beschritten wird.

Heute, im Zeitalter eines ausgeprägten Individualismus und in der Schwierigkeit, zu einer Verfehlung äußere Zeichen für eine Strafe zu finden, ist freilich eine mit Benedikts ausführlichen Anordnungen vergleichbare Bußordnung schwer durchzu-

Schmerzensmann in der Klosterkirche St. Ottilien

führen. Aber das Bemühen, gemeinsam für das rechte Verhalten in der Gemeinschaft Maßstäbe zu finden und durchzusetzen, ist unverzichtbar. Kleine Zeichen solcher Bußgesinnung haben sich bis heute bewährt. Wer zu spät zum Gebet oder zum gemeinsamen Mahl kommt, drückt durch ein kurzes kniendes Gebet aus, dass er das Verfehlen der rechten Ordnung bedauert. Wem beim gemeinsamen Gebet ein Fehler unterläuft, zeigt durch eine Kniebeuge an, dass er die Unachtsamkeit bereut. Die von einer Reise Rückgekehrten lässt Benedikt am Schluss des Gottesdienstes sich niederknien und „alle um das Gebet bitten wegen der Fehler, die vielleicht unterwegs vorgekommen sind" (Benediktsregel 67,4).

Weil Benedikt von der unendlichen Barmherzigkeit Gottes überzeugt ist, kann das Bewusstsein der Sündhaftigkeit nicht niederdrücken, sondern befreien. Darum kann er bei den Werkzeugen der geistlichen Kunst raten, „seine früheren Sünden unter Tränen und Seufzen täglich im Gebet Gott bekennen und sich von allem Bösen künftig bessern" (Benediktsregel 4,57f). Darum ist die Fastenzeit, die österliche Bußzeit, die Gelegenheit „gemeinsam in diesen heiligen Tagen die früheren Nachlässigkeiten" (Benediktsregel 49,3) zu tilgen. Weil dies eine gemeinsame Übung ist, sollen die Mönche freiwillig gewählte Übungen und Verzichte nur mit Gebet und Einwilligung des Abtes Gott darbringen, also hineingebunden in die Gemeinschaft.

Mich hat schon als Novize der Brauch fasziniert, dass jeder der Mönche am Aschermittwoch auf einem Zettel aufschreibt, was er sich für die Fastenzeit an besonderen Gebeten, Andachtsübungen, an Verzichten beim Essen und Trinken, an einer besonderen Lektüre, an Korrekturen seines Lebensstils vornimmt. Dieser Zettel wird dem Abt übergeben. In den neununddreißig

Abtjahren habe ich mich beim Lesen und bei der Unterzeichnung dieser Fastenzettel meiner Mitbrüder immer wieder daran erbaut, wie persönlich und auch erfinderisch bei jedem dieses Bemühen um eine sinnvolle Gestaltung der Fastenzeit sich artikulierte.

O.L.

Die Spannung zwischen Ideal und Wirklichkeit

„Sollte er einmal der Einflüsterung des Teufels nachgeben und das Kloster verlassen – was ferne sei – dann ziehe man ihm die Sachen des Klosters aus und entlasse ihn."

BENEDIKTSREGEL 58,28

EINE REDEWENDUNG BENEDIKTS, nämlich der Einschub „Was ferne sei" *(quod absit),* die sehr häufig in der Regel vorkommt, ist mir im Lauf der äbtlichen Jahre immer bedeutsamer geworden. Sie gibt die Spannung zwischen dem Ideal, zwischen dem, was sein soll, und der Wirklichkeit, dem, was immer wieder vorkommt, wieder. Und eben damit müssen wir immer rechnen. So wird unter den Werkzeugen der geistlichen Kunst aufgezählt, man solle „den Weisungen des Abtes in allem gehorchen, auch wenn er selbst, was ferne sei, anders handelt" (Benediktsregel 4,61).

Oft erfordert dann die von der idealen Ordnung abweichende Wirklichkeit Notmaßnahmen. So heißt es etwa bei der Ordnung der Vigilien am Sonntag: „Wenn man aber zu spät aufsteht, was ferne sei, werden Lesungen oder Antwortgesänge gekürzt" (Benediktsregel 11,12). Selbstverständlich soll der, der durch seine

Nachlässigkeit dies verursacht hat, Genugtuung leisten. Ähnlich heißt es in den Anweisungen über die Zeit der Lesungen: es könnte sich – was ferne sei – ein träger Bruder finden, „der mit Müßiggang oder Geschwätz seine Zeit verschwendet" und auch andere ablenkt. Er werde einmal und ein zweites Mal zurechtgewiesen. Wenn freilich einer nicht willens oder nicht fähig ist, besinnlich zu lesen, „trage man ihm eine Tätigkeit auf, damit er nicht müßig ist" (Benediktsregel 48,18f.23).

So betont Benedikt auch die Bedeutung des feierlichen Versprechens eines Mönches vor Gott und seinen Heiligen, wenn er nach der eingehenden Überlegung und Prüfung des Noviziatsjahres Beständigkeit, klösterlichen Lebenswandel und Gehorsam gelobt. Zum Zeichen dieses neuen Lebens legt der Mönch sein bisheriges Gewand ab und wird mit dem Mönchsgewand bekleidet. Seine abgelegten Kleider soll man aber in der Kleiderkammer aufbewahren. Denn sollte er doch einmal „das Kloster verlassen, was ferne sei, dann ziehe man ihm die Sachen des Klosters aus und entlasse ihn" (Benediktsregel 58,26-28).

Dieser so oft vorkommende Ausdruck „was ferne sei", zeigt, dass die Benediktusregel am Ideal des klösterlichen, des christlichen Lebens festhält, andererseits aber nicht die Wirklichkeit übersieht oder nicht sehen will oder aber das Ideal fanatisch durchsetzt. Dann wird das Gefäß zerbrochen, wenn der Rost allzu heftig ausgekratzt wird (Benediktsregel 64,12). Aus dem Leben Benedikts scheint mir die Begegnung mit dem Gotenkönig Totila bezeichnend. Totila war bewegt, weil Benedikt seinen Täuschungsversuch durchschaut hatte, ihm ins Gewissen redete und die Zukunft voraussagte. Das bewirkte keine große Bekehrung, aber doch das eine: „Von da an war er weniger grausam" (Vita 15,2).

O.L.

Öffentlichkeit und Diskretion

„Wichtig ist in jedem Fall ein menschlicher Umgang miteinander."
P. Aurelian Feser (64)
Prior des Klosters Jakobsberg bei Bingen

Einige Verfehlungen waren für Benedikt so gravierend, dass er in seiner Regel dafür konkrete Bußen festlegte. Beispielsweise bei Unpünktlichkeit: „Hört man das Zeichen zum Gottesdienst, lege man sofort alles aus der Hand und komme in größter Eile herbei... Kommt einer zu den Vigilien erst nach dem ‚Ehre sei dem Vater' des Psalmes 94, ... darf er nicht an seinem Platz im Chor stehen. Vielmehr stehe er als letzter von allen oder auf einem Platz, den der Abt für so Nachlässige abseits bestimmt hat, damit sie von ihm und von allen gesehen werden" (Benediktsregel 43,1.4f).

Pünktlich zu sein war für Benedikt offenbar so wichtig, dass er Unpünktliche sozusagen öffentlich vorführte. Sie durften nicht ihren angestammten Platz einnehmen, sondern mussten sich an den Rand des Chors setzen – für alle anderen sichtbar. Sie nahmen quasi auf dem „Armsünderbänkchen" Platz.

Unpünktlichkeit ist also offenbar kein Phänomen speziell unserer Zeit. Zu Zeiten Benedikts gab es keine S- oder U-Bahnen, keine Züge und keine Flieger, auch keine Autos. Trotzdem schafften es die Menschen in der Regel, Verabredungen einzuhalten.

Wir haben alle Arten von Transportmitteln zur Verfügung und bringen es dennoch oft nicht fertig, zu der vereinbarten Uhrzeit da zu sein. Bürden wir uns vielleicht manchmal zu viele Termine auf? Und rennt uns dann die Zeit davon?

Kirchturmuhr Kloster St. Ottilien

- Pünktlichkeit bedeutet Zuverlässigkeit.
- Sie bedeutet, die Zeit als wertvolles Gut, als Geschenk anzusehen.
- Pünktlich zu sein heißt auch, demjenigen, mit dem man verabredet ist, Respekt zu bezeugen, indem man ihn nicht warten lässt.

Benedikt fordert auch Bußen für andere Fehler, die manch einer heute als Lappalien betrachten mag: „Wenn jemand bei irgendeiner Arbeit, in der Küche, im Vorratsraum, bei einem Dienst, in der Bäckerei, im Garten, bei der Ausübung eines Handwerks oder sonst irgendwo einen Fehler macht oder etwas zerbricht oder verliert oder irgendwo etwas anderes verschuldet und nicht unverzüglich kommt, um von sich aus vor Abt und Gemeinschaft Buße zu tun und seinen Fehler zu bekennen … dann treffe ihn eine schwere Strafe" (Benediktsregel 46,1ff). Ganz schön überzogen, mag man da denken.

Küchenuhr Kloster St. Bonifaz

Ein Ordensmann aus einer großen Benediktinerabtei erzählte mir einmal, dass die dortigen Mönche im Refektorium aufstehen und sich vor dem Kruzifix verneigen, wenn ihnen ein Teller zu Bruch geht oder eine Gabel auf den Boden fällt. Man bittet damit Gott, aber auch die Mitbrüder um Entschuldigung. Da ist wieder das Öffentlichmachen, das uns so widerstrebt. Ist da nicht das Maß überzogen?

Aber es geht auch hier nicht darum, jemanden vorzuführen, sondern um eine Selbstverständlichkeit: nämlich sich zu entschuldigen, wenn ein Patzer passiert ist. Einzugestehen, dass einem ein Fehler unterlaufen ist. Und diesen damit auch gleich wieder vom Tisch zu haben. Eigentlich ist es ganz einfach.

Bei größeren Vergehen, die vielleicht unbemerkt von anderen passiert sind, plädiert Benedikt dagegen für Diskretion: „Handelt es sich um eine in der Seele verborgene Sünde, eröffne er (der Mönch) sie nur dem Abt oder einem der geistlichen Väter, der es versteht, eigene und fremde Wunden zu heilen, ohne sie aufzudecken und bekanntzumachen" (Benediktsregel 46,5f). Hier ist es wieder: das rechte Maß. Gravierende Dinge, die nicht einfach mit einer Entschuldigung begradigt werden können, sollen nicht an die große Glocke gehängt werden. In diesen Fällen ist es angebracht, die Probleme im Kreis der Beteiligten in aller Diskretion zu regeln.

P. A.

Immer wieder Chancen bieten

IMMER WIEDER GIBT BENEDIKT einem Sünder die Chance, sich zu bessern. Er bemüht sich sehr intensiv um jeden Einzelnen. Aber wenn der Abt „sieht, dass seine Mühe keinen Erfolg hat, greife er zu dem, was noch stärker wirkt: Er und alle Brüder beten für den kranken Bruder, dass der Herr, der alles vermag, ihm die Heilung schenkt. Wenn er sich aber auch so nicht heilen lässt, dann erst setze der Abt das Messer zum Abschneiden an" (Benediktsregel 28,4ff).

Das bedeutet, erst in allerletzter Konsequenz, wenn keine Bemühungen Früchte getragen haben, empfiehlt der Ordensvater die Trennung. Denn dann besteht in seinen Augen die Gefahr, dass das schwarze Schaft auch andere mit sich zieht. „Ein räudiges Schaf soll nicht die ganze Herde anstecken" (Benediktsregel 28,8).

Umgang mit Verfehlungen erfordert:
- einen Menschen nicht sofort kategorisch zu verurteilen
- ihm Chancen zur Besserung zu geben
- erst wenn alles Maß überschritten ist und jegliches Entgegenkommen nicht geholfen hat, sollte man sich von dem betreffenden Menschen abwenden.

Aber auch nach einer Trennung sollte der Schnitt nicht ewig und unwiderruflich sein. Sollte sich nach einer Zeit erweisen, dass die Person Einsicht zeigt und sich bessert, dann muss man ihr auch wieder die Hand reichen, denn Irrwege sind menschlich. P.A.

VI. Führungsaufgaben wahrnehmen

Führungsaufgaben in Gemeinschaften

BENEDIKT HAT IN SEINER REGEL ganz klar Führungsaufgaben festgelegt und sie auch im Detail definiert. Zwar waren alle Ordensmitglieder zur Einhaltung der Regel verpflichtet und sollten einander gegenseitig kontrollieren: „Das Gut des Gehorsams sollen alle nicht nur dem Abt erweisen. Die Brüder müssen ebenso einander gehorchen" (Benediktsregel 71,1). Aber dem Ordensvater war klar, dass die Regel nur umgesetzt werden konnte, wenn jemand letztlich die Verantwortung dafür trug.

Benedikt spricht explizit an verschiedenen Stellen von einer Rangordnung, die „... sich aus dem Zeitpunkt des Eintritts oder aufgrund verdienstvoller Lebensführung ergibt und wie sie der Abt festlegt" (Benediktsregel 63,1). Damit ist gemeint:

- Eine Führungskraft ist für die Besetzung von Positionen zuständig.
- Diese sollen jedoch nur aufgrund persönlicher Leistungen vergeben werden.

Chorgestühl der Mönche in der Basilika St. Bonifaz

„Nirgendwo darf das Lebensalter für die Rangordnung den Ausschlag geben oder sie von vorneherein bestimmen" (Benediktsregel 63,5).

- Verantwortungsvolle Positionen sollen nicht automatisch an Ältere vergeben werden, sondern junge Menschen sollen ebenso eine Chance erhalten, wenn sie die Kompetenz dafür haben.

„Außer denen also, die der Abt… nach reiflicher Überlegung voranstellt oder aus bestimmten Gründen zurücksetzt, sollen alle übrigen den Platz einnehmen, der ihrem Eintritt entspricht" (Benediktsregel 63,7). „… die Älteren sollen die Jüngeren ‚Bruder' nennen, die Jüngeren aber die Älteren ‚nonnus', was so viel wie ‚ehrwürdiger Vater' heißt" (Benediktsregel 63,12).

Benedikt war klar, dass in einer Gemeinschaft ebenso wie in einem Unternehmen

- Führungspositionen geschaffen werden und Führungskräfte benannt werden müssen, aber
- alle anderen gleich behandelt werden sollen, damit keine interne Hackordnung entsteht
- sowohl Chancen für Jüngere gegeben als auch Respekt für Ältere aufgrund ihrer Lebensleistung vorhanden sein müssen
- Jüngere von der Erfahrung der Älteren profitieren können.

Flache Hierarchien sind auch im Kloster nicht immer durchzuhalten. Aufgrund unterschiedlicher Tätigkeiten in den klösterlichen Wirtschaftsbetrieben übernehmen manche Ordensleute Führungsaufgaben, mit denen Privilegien verbunden sind.

Häufigere Aufenthalte außerhalb des Klosters beispielsweise, Reisen, grundsätzlich stärkere Außenkontakte. Wie im Leben außerhalb der Klostermauern führt das auch in Konventen manchmal zu einem Murren, weil manch einer das Gefühl hat, zu kurz zu kommen. Diese menschlichen Reaktionen müssen Führungskräfte immer im Auge behalten, ob inner- oder außerhalb des Klosters.

Wenn die Situation eskaliert, hat Benedikt eine Empfehlung parat: „Der Abt kann aber jede Rangänderung vornehmen, wenn er es aus Gründen der Gerechtigkeit für gut hält." (Benediktsregel 2,19) Eine Führungspersönlichkeit muss immer das rechte Maß im Auge behalten, mit dem sie lenkend eingreift. Wenn notwendig, müssen hierarchische Strukturen verändert werden.   P. A.

Persönliche Führung

„Wer den Namen Abt annimmt, muss seinen Jüngern in zweifacher Weise als Lehrer vorstehen: er mache alles Gute und Heilige mehr durch sein Leben als durch sein Reden sichtbar."

BENEDIKTSREGEL 2,11F

BENEDIKT SCHREIBT SEINE REGEL für *Coenobiten*, also für Mönche, die in klösterlicher Gemeinschaft leben „unter Regel und Abt" (Benediktsregel 1,2). Kennzeichnend ist also eine Ordnung und eine Führungskraft. Gewiss lässt Benedikt auch andere an dieser Führungsaufgabe teilhaben, etwa den Cellerar, den Novizenmeister, den Gastmeister, aber immer unter der Leitung des Abtes, der so die Einheit der Gemeinschaft, die einheitliche Aus-

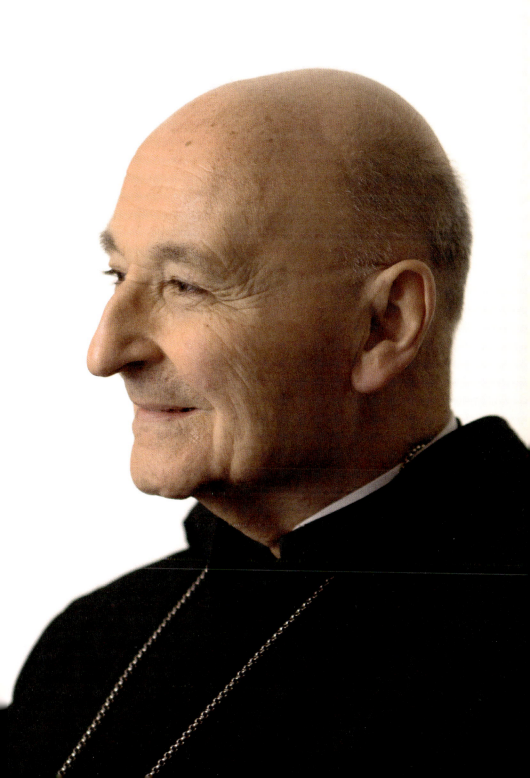

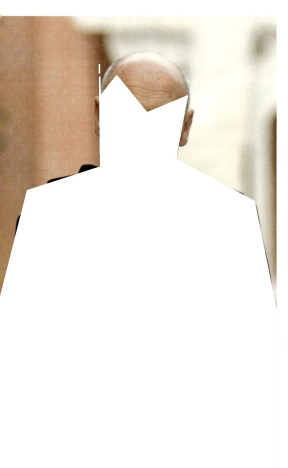

Altabt Odilo Lechner

richtung auf den Willen Gottes garantiert. Vor allem kennt die Regel bei größeren Gemeinschaften Dekane, die einer Teilgruppe in der Gemeinschaft, einer Zehnerschaft vorstehen. Die Regel kennt allerdings auch das Amt des Priors, wie es wohl zur Zeit Benedikts in klösterlichen Gemeinschaften in Übung kommt.

Das 65. Kapitel handelt von einem solchen Zweiten in einem Kloster, dem Stellvertreter des Abtes. Benedikt hat große Bedenken gegen ein solches Amt, weil durch zwei Obere leicht Zwietracht und Unordnung in der Gemeinschaft entstehen können. Von Streit, Spaltung, Zwietracht, Unfrieden waren ja schon die ersten Gemeinden des Christentums betroffen, wie etwa die Briefe des Paulus bezeugen. Trotzdem gesteht Benedikt, der die Aufgabenzuteilung an die Dekane vorzieht, zu, dass örtliche Verhältnisse oder die flehentliche Bitte der Gemeinschaft die Bestellung eines Priors ratsam erscheinen lassen.

Es geht Benedikt also um die Einheit der Gemeinschaft. Umso mehr betont er die Verantwortung des Abtes. Denn er verweist die Gemeinschaft auf den einen Herrn Jesus Christus, in dem das Antlitz des Vaters aufscheint. Der Abt wird als Herr und Abt angeredet, „weil man im Glauben erkennt, dass er Christi Stelle vertritt" (Benediktsregel 63,13). Es ist im Letzten eine Glaubenswirklichkeit, dass die Mönche durch den Abt die Weisung Christi vernehmen und dadurch mit ihm den Geist der Sohnschaft empfangen, „in dem wir rufen Abba, Vater" (Benediktsregel 2,3; vgl. Röm 8,15).

Die Weisung des Herrn wird durch den Abt auf die konkrete Situation angewandt. Wenn der Abt die Weisung Gottes weitergibt, muss er auf die Verschiedenheit seiner Mönche Rücksicht nehmen. Den Einsichtigen kann er sie mit Worten darlegen, den Hartherzigen und Einfältigen muss er sie vor allem durch sein Beispiel veranschaulichen. Freilich soll der Abt „alle in gleicher Weise lieben" (Benediktsregel 2,22). Denn bei Gott gibt es kein Ansehen der Person.

Der Abt muss beides verbinden, den Ernst des Meisters und die liebevolle Güte des Vaters. Zuchtlose und Unruhige muss er härter tadeln, Nachlässige und Widerspenstige muss er streng zurechtweisen und bestrafen, die Gehorsamen und Willigen ermutige er zum Fortschritt im Guten. Er muss sich also auf Eigenart und Fassungskraft jedes Einzelnen einstellen und auf sie eingehen. Darum ist ein Leitbild für ihn der gute Hirt, der Schaden von der ihm anvertrauten Herde fernhält, der das verirrte Schaf sucht und es voll Mitleid auf seine Schultern nimmt. Darum wird der Abt auch mit dem Arzt verglichen, weil er „die Sorge für gebrechliche Menschen übernommen hat, nicht die Gewaltherrschaft über Gesunde" (Benediktsregel 27,6). Der weise Arzt wendet zuerst lindernde Umschläge und Salben der Ermahnungen an, die Arzneien der Heiligen Schrift, aber auch wie ein Brenneisen Ausschließung und Entfernung. Er darf zwar Fehler nicht wuchern lassen, aber doch soll er das geknickte Rohr nicht zerbrechen. „Er hasse die Fehler, er liebe die Brüder" (Benediktsregel 64,11). Und er weiß, dass er mehr helfen als herrschen, mehr vorsehen als vorstehen soll.

Wenn lange Zeit in vielen Klöstern der Abt auf Lebenszeit gewählt wurde, hat das sicher für eine große Kontinuität gesorgt, aber doch manchmal auch die Kräfte eines Einzelnen überfordert. Selbstverständlich konnte der Abt sein Amt niederlegen oder auch durch Visitationen zur Resignation bewogen werden, wenn zutage trat, dass die Vertrauensbasis von Seiten des Konventes nicht mehr gegeben war. Heute wird in den Satzungen der einzelnen benediktinischen Verbände eine Altersgrenze für den Abt angegeben, meist siebzig Jahre, oder auch eine befristete Amtsdauer (etwa zwölf Jahre) vorgesehen.

Die Führungsaufgabe des Abtes besteht zu allererst auch darin, die Fähigkeiten, Bedürfnisse und Neigungen der einzelnen Mitbrüder mit den Notwendigkeiten der klösterlichen Gemeinschaft und ihrer Aufgaben in Einklang zu brin-

Insignien des Abtes: Brustkreuz, Ring und Hirtenstab (re)

gen. Als der Mitbruder, der die Wirtschaftsbetriebe in Andechs leitete, schwer erkrankte, suchte ich nach einem Nachfolger. Mein Blick fiel auf einen Mitbruder, P. Daniel Gerritzen, der ein Jahr nach mir ins Kloster eingetreten war, aber schon als reifer Mann und erfahrener Jurist. So schien er mir die rechte Eignung für dieses Amt zu haben. Aber Eignung und Neigung stimmen oft nicht überein. Er war ja gerade deshalb ins Kloster gegangen, um von den weltlichen Geschäften freizuwerden und sich ganz dem Heil seiner Seele und dem der Menschen zu widmen. So sträubte er sich zunächst sehr heftig gegen die Übernahme solch eines weltlichen Amtes und sagte schießlich im schmerzlichen Gehorsam zu, diese Aufgabe wenigstens eine Zeit lang zu übernehmen. Er hat sich ihr dann mit so großem Eifer gewidmet, dass er die Brauerei von Grund auf modernisieren, unsere wirtschaftliche Zukunft sichern und für die vielen Mitarbeiter ein überaus geschätzter Chef werden konnte – freilich blieb ihm der Gottesdienst und seine würdige, auch musikalische Gestaltung und der seelsorgliche Dienst an den vielen Wallfahrern wichtigstes Anliegen. O.L.

Leitungsfunktion, Menschenführung und Vorbildcharakter

>„Wesentlich für die Aufgabe des Abts ist es, das Wir-Gefühl zu stärken, ein offenes Ohr für kritische Stimmen zu haben und immer wieder zu erspüren, wie stark das gemeinsame Tragen ist."
>
>*P. Fidelis Ruppert (71)*
>*von 1982 bis 2006 Abt der Abtei Münsterschwarzach*

Der Abt wird von der gesamten Klostergemeinschaft gewählt, wie es Benedikt in seiner Regel festlegte: „Bei der Einsetzung eines Abtes soll man stets so verfahren: Es werde der bestellt, den die ganze Gemeinschaft einmütig in Gottesfurcht gewählt hat" (Benediktsregel 64,1).

Aufgrund der klösterlichen Lebensform ist der Abt nicht nur Vorgesetzter, sondern auch eine Art Familienoberhaupt. Er ist damit Chef und Vater gleichzeitig. Er ist Seelsorger, Arzt und Richter in einer Person.

Ursprünglich wurde der Vorsteher benediktinischer Klöster auf Lebenszeit gewählt. Wie Abt Odilo schreibt, ist es aber mittlerweile üblich, dass der Abt nicht von seinem lebenslangen Amtsrecht Gebrauch macht, sondern in vielen Fällen zurücktritt, wenn er ein Lebensalter um die 70 erreicht hat. Oft können die Klostervorsteher in diesem Alter schon auf eine beträchtliche Amtszeit von 20 oder mehr Jahren zurückblicken. Viel mehr Zeit, als es Manager in unserer Welt gewöhnlich auf ihren Posten aushalten.

Das klösterliche System bringt einerseits Kontinuität mit sich, birgt aber andererseits auch das Risiko der Starre und des Festgefahrenseins. Es besteht die Gefahr, dass keine neuen Impulse kommen. Zudem kann das Problem auftauchen, dass ein langjähriger Klostervorsteher sich so mit seinem Amt identifiziert, dass er die kritische Distanz zu sich selbst und seiner Aufgabe verliert und abgehoben wird.

Zwar gibt es regelmäßige Visitationen von Leitern anderer Klostergemeinschaften, also eine Art Supervision oder Coaching. Da der Coach aber zum selben „Verein" gehört, ist es fraglich, ob er noch einen ungetrübten Blick hat. Man hat heute in den Orden erkannt, dass belastende Führungsaufgaben im hohen Alter nicht mehr ohne weiteres zu meistern sind, und die Amtszeit in der Regel limitiert.

Ganz anders geht es doch in unserer Welt zu: Wie oft wechseln da Spitzenmanager ihre Jobs und sind heute in dieser und morgen in jener Branche tätig. Wenn ein Unternehmen Probleme hat, wird sofort der Ruf nach neuen Führungsköpfen laut. Die Zeit, etwas in Ruhe aufzubauen, gibt man ihnen nicht mehr. Der schnelle Erfolg ist gefragt. Wenn auch das benediktinische Führungsmodell vielleicht nicht das Patentrezept ist, so kann es uns doch wichtige Impulse geben, nämlich:

Führungskräften die Chance zu geben
- sich in ihre Aufgaben einzuarbeiten
- die Unternehmenskultur kennenzulernen
- sich mit ihren Mitarbeitern und deren Aufgabenbereichen vertraut zu machen und
- langfristigere Projekte auf den Weg zu bringen, die auf den ersten Blick nicht das schnelle Geld bringen.

Neben diesen Aufgaben ist es auch wichtig, Nachwuchs aufzubauen. Dies gilt für Klöster und weltliche Unternehmen glei-

chermaßen. In den Ordenshäusern ist ja der Personalmangel meist noch gravierender als außerhalb.

Für Benedikt gibt es eine Reihe weiterer Komponenten, die für die Vorsteher seiner Klöster wichtig sind. Beispielsweise die Vorbildfunktion: „In seinem Handeln zeige er (der Abt), was er seine Jünger lehrt, dass man nicht tun darf, was mit dem Gebot Gottes unvereinbar ist. Sonst würde er anderen predigen und dabei selbst verworfen werden" (Benediktsregel 2,14). Im Sinne der heutigen Diskussion um Managergehälter ist dieser Aspekt sehr interessant:

- Führungskräfte sollen nicht Wasser predigen und Wein trinken.
- Sie sollen ein unternehmerisches Ethos vertreten und vorleben.
- Sie sollen nicht den eigenen Profit im Visier haben, sondern die Verantwortung für die Menschen, die sie führen, und das Wohl des Unternehmens, das sie leiten.

Benedikt betont auch, dass der Abt niemanden bevorzugen solle, denn diese menschliche Komponente ist natürlich auch im Kloster nicht unbekannt: „Der Abt bevorzuge im Kloster keinen wegen seines Ansehens. Den einen liebe er nicht mehr als den anderen, es sei denn, er finde einen, der eifriger ist in guten Werken und im Gehorsam" (Benediktsregel 2,16f). Das bedeutet: alle Mitarbeiter gleich behandeln, aber solche, die sich besonders engagieren, auch verstärkt protegieren.

Weitere Aufgaben des Klostervorstehers: „Er lasse sich vom Gespür für den rechten Augenblick leiten und verbinde Strenge mit gutem Zureden. Er zeige den entschlossenen Ernst des Meisters und die liebevolle Güte des Vaters." (Benediktsregel 2,23f). Der Abt „wisse, dass er mehr helfen als herrschen soll" (Benediktsregel 64,8).

Diese Aufgaben haben Führungskräfte auch außerhalb der Klöster:
- Grundsätze festlegen, aber
- den Mitarbeitern Spielräume belassen, in denen sie ihre Fähigkeiten beweisen können
- Kritik üben, wo notwendig, aber auch motivieren, ermutigen
- Immer ein Auge auf die anvertrauten Personen haben und sie im rechten Maß führen und anspornen.

„Auf keinen Fall darf er (der Abt) darüber hinwegsehen, wenn sich jemand verfehlt, vielmehr schneide er die Sünden schon beim Entstehen mit der Wurzel aus, so gut er kann" (Benediktsregel 2,26). In unsere Welt übertragen bedeutet dies als Weisung für das Management: Wenn Probleme auftauchen, diese nicht unter den Tisch kehren, sondern sie sofort angehen. Erst diskret ermahnen; wenn dies nichts nutzt, zu härteren Maßnahmen greifen.

„Er (der Abt) muss wissen, welch schwierige und mühevolle Aufgabe er auf sich nimmt: Menschen zu führen und der Eigenart vieler zu dienen" (Benediktsregel 2,31).

Gezielte Führung heißt:
- sich die eigene Rolle von Anfang an klarzumachen
- die Schwierigkeiten genau unter die Lupe zu nehmen
- Menschen nicht über einen Kamm zu scheren, sondern auf jede Persönlichkeit einzugehen und sie nach ihren Fähigkeiten einzusetzen und zu fordern.

„Stets denke er (der Abt) daran: Er hat die Aufgabe übernommen, Menschen zu führen, für die er einmal Rechenschaft ablegen muss." (Benediktsregel 2,34). In unsere Zeit übertragen:

- Menschen zu führen, ist die bedeutendste Aufgabe überhaupt, wichtiger als die Vermehrung irdischer Güter.
- Man kann dabei viele irreparable Fehler machen, deshalb muss man mit größter Sorgfalt vorgehen.

Die Weisungen Benedikts richten sich an alle Personen, die Menschen führen. Ob in Unternehmen, in der Familie oder anderen Gemeinschaften. Auf einen Nenner gebracht, bedeutet seine Vorgabe: „So halte er (der Abt / die Führungskraft) in allem Maß, damit die Starken finden, wonach sie verlangen, und die Schwachen nicht davonlaufen" (Benediktsregel 64,19).

Neben dem Abt erwähnt Benedikt eine weitere Führungsperson im Kloster: den Prior als Stellvertreter des Abts. Abt Odilo hat bereits die Bedenken Benedikts erwähnt, dass zwei Führungskräfte im Kloster Unfrieden bringen könnten. Denn die Konventmitglieder könnten nicht zwei Herren dienen. Insofern ist Abstimmung vonnöten. Die Größe einer Klostergemeinschaft, der Umfang der Führungsaufgaben und Abwesenheiten des Abts machen es aber manchmal notwendig, einen Stellvertreter zu benennen. Und viele Klöster handhaben es so.

Verantwortungsvolle Führung heißt:
- Führungsaufgaben delegieren
- nicht alle Entscheidungen in den eigenen Händen behalten
- eine verantwortungsvolle Person mit der Vertretung betrauen, und zwar im rechten Maß.

P. A.

Verwaltung als geistliche Aufgabe

„Alle Geräte und den ganzen Besitz des Klosters betrachte er als heiliges Altargerät." BENEDIKTSREGEL 31,10

DIE BENEDIKTSREGEL HAT EIN eigenes Kapitel über den Cellerar, den wirtschaftlichen Verwalter des Klosters. Interessanterweise wird gerade in diesem Kapitel das Kloster mit dem Namen „Haus Gottes" bezeichnet: „Zur bestimmten Stunde werde gegeben, was zu geben ist, und erbeten, was zu erbitten ist; denn niemand soll verwirrt und traurig werden im Hause Gottes" (Benediktsregel 31,18f). Also nicht nur der Gebetsraum, sondern das ganze Kloster mit seinem Landbesitz, mit seinen Betrieben und Einrichtungen ist Haus Gottes, weil die ganze Welt ihm gehört und von ihm lebt. Das will in dem Teil der Welt, den das Kloster umgreift, besonders bewusst gelebt werden. Der Verwalter soll alle Geräte und den ganzen Besitz als heiliges Altargerät betrachten: „Nichts darf er vernachlässigen" (Benediktsregel 31,10f).

Darum werden vom Cellerar ähnliche Eigenschaften verlangt, wie vom Abt – weisen Charakters, nicht überheblich, nicht stürmisch, nicht verletzend, nicht umständlich und zu langsam, nicht verschwenderisch. Das alles wird zusammengefasst: „Vielmehr sei er gottesfürchtig und der ganzen Gemeinschaft wie ein Vater" (Benediktsregel 31,2). Die Ehrfurcht vor Gott zeigt sich in der Ehrfurcht vor der Schöpfung, vor allem Irdischen und in der Ehrfurcht vor den Menschen. So kann er an dem väterlichen Dienst des Abtes teilhaben, in Christus die väterliche Güte Gottes aufscheinen zu lassen. So kann er weder der Habgier noch der Verschwendung, der Vergeudung des Klostervermögens, verfallen. Die Ehrfurcht vor den Brüdern zeigt sich vor allem in seiner Demut, die vermeiden will, dass die Brüder traurig werden oder Anstoß nehmen. Darum soll er auch unvernünftige Forderungen nicht verächtlich abweisen, sondern sie vernünftig und mit Demut zurückweisen.

Damit er das ihm anvertraute Amt mit innerer Ruhe verwalten kann, soll er gerade bei größeren Gemeinschaften Helfer erhalten. Mit all den Dingen des Klosters, Werkzeug und Kleidung etwa, soll sorgfältig umgegangen werden. Darum sollen das alles jeweils Brüder verwalten, auf deren Lebensweise und Charakter man sich verlassen kann. Tadel verdient, „wenn einer die Sachen des Klosters verschmutzen lässt oder nachlässig behandelt" (Benediktsregel 32,4).

O.L.

Pater Valentin in der „Schaltzentrale" der Klosterbrauerei von Andechs

Pater Valentin im Gespräch mit einem Brauerei-Mitarbeiter

Wirtschaftliches Handeln mit christlicher Inspiration

„Wir möchten so wirtschaften, dass unser Kloster unsere Gäste mit weiten Armen aufnehmen kann. Aber wir sind nicht auf schnellen Profit aus."

Sr. Emerita Nuß (74)
Cellerarin im Kloster Bernried am Starnberger See

Klöster waren traditionell auch Wirtschaftsunternehmen. Sie sind autark und müssen für ihr eigenes Überleben sorgen. Das war bereits zu Zeiten Benedikts so. Anders aber als noch vor einigen Jahrzehnten, stellen Klöster aus Mangel an Personal aus den eigenen Reihen heutzutage auch weltliche Mitarbeiter ein. Manche Konvente haben große Betriebe und sehr viel mehr Angestellte als Klostermitglieder.

Zu Zeiten Benedikts genauso wie heute gibt es in Klöstern einen wirtschaftlichen Verwalter, den Cellerar. In unserer Welt würde man ihn Finanzvorstand nennen. Benedikt wusste um die Bedeutung dieser Position und gab daher vor: „Als Cellerar werde aus der Gemeinschaft ein Bruder ausgewählt, der weise ist, reifen Charakters und nüchtern. Er sei nicht maßlos im Essen, nicht überheblich, nicht stürmisch, nicht verletzend, nicht umständlich und nicht verschwenderisch" (Benediktsregel 31,1). Abt Odilo hat die Aufgaben dieses klösterlichen Finanzverwalters umrissen.

Er ist dem Abt verantwortlich: „Ohne die Weisung des Abts tue er nichts, an seine Aufträge halte er sich." (Benediktsregel 31,4f) Das heißt, der Finanzvorstand berichtet an seinen Vorstandsvorsitzenden. „Er sei weder der Habgier noch der Verschwendung ergeben" (Benediktsregel 31,12). Der Finanzverwalter soll sich nicht selbst bereichern und nicht unbedacht wirtschaften, sondern „... tue alles mit Maß" (Benediktsregel 31,12). In größeren Gemeinschaften ist der Cellerar für die Genehmigung von Geldern zuständig, wenn seine Mitbrüder persönliche Ausgaben haben, beispielsweise ein neues Kleidungsstück benötigen. Denn die Ordensleute verfügen ja nicht über ein eigenes Einkommen.

Die Position des Cellerars ist in den Augen Benedikts so bedeutsam, dass er ihn von niederen Arbeiten freistellt. Er muss beispielsweise keinen Küchendienst leisten. Einer der bekanntesten Cellerare ist Pater Anselm Grün in Münsterschwarzach. Seit über 30 Jahren ist er bereits Finanzverwalter der Abtei und bewältigt diese Aufgabe halbtags. Bevor er diese Position übernahm, hat er ein Studium der Betriebswirtschaft absolviert. Neben den rund 100 Mönchen hat das Kloster noch knapp 300 weltliche Angestellte. Pater Anselm setzt für die Aufbesserung der klösterlichen Finanzen durchaus weltliche Methoden ein. Er legt beispielsweise an der Börse an. Im Kloster achtet er auf nachhaltiges Wirtschaften und setzt auf Ökologie. Das Kloster erzeugt mehr als 90 Prozent seines Energiebedarfs selbst.

Die Aufgaben und Tätigkeitsbereiche des klösterlichen Finanzverwalters unterscheiden sich in vielen Punkten also kaum von denen eines vergleichbaren Postens in einem weltlichen Betrieb. Auch ein Kloster ist ein Wirtschaftsunternehmen, das sich möglichst selbst tragen sollte. In Einzelbereichen, wie bei dem Verkauf von Klosterprodukten beispielsweise, muss es sich in Qualität und Preisgestaltung gegenüber Konkurrenten behaupten.

Marktwirtschaftliche Gesetze gelten also auch im Kloster. P.A.

Kloster und Welt in Wechselbeziehung

„An die Pforte des Klosters stelle man einen weisen, älteren Bruder, der Bescheid zu empfangen und zu geben weiß und den seine Reife daran hindert, sich herumzutreiben."

BENEDIKTSREGEL 66,1

SO SEHR FÜR BENEDIKT der abgeschlossene Bereich des Klosters die Werkstatt ist, in der die rechte Hinordnung auf Gott verwirklicht werden kann, ist doch das Kloster immer in Beziehung zur ganzen Welt. Mönche müssen außerhalb des Klos-

ters arbeiten, werden auch auf Reisen geschickt, und immer wieder kommen Menschen von außen zum Kloster.

Die Pforte des Klosters ist der besondere Ort der Begegnung. Der Pförtner soll darum ein weiser, älterer Bruder sein, der nicht umherschweift, sondern zuverlässig da ist, „der Bescheid zu empfangen und zu geben weiß" (Benediktsregel 66). Alle, die ankommen, sollen ihn antreffen und Bescheid erhalten. Vom Pförtner heißt es: „Sobald jemand anklopft oder ein Armer ruft, antworte er: ,Dank sei Gott' oder ,Segne mich'" (Benediktsregel 66,3). Die Begegnung mit der Welt ist also Aufgabe, nicht lästige Störung. Darum soll der Pförtner für jede dieser Begegnungen dankbar sein, Gott danken für das, was ihm da als Aufgabe zukommt. Und er darf auch in dem, der von ihm etwas verlangt oder erbittet, einen Segen sehen, etwas, das Gott ihm als gutes Wort zuspricht. Freilich bedarf es der Unterscheidung, was von der „Welt" in den Bereich des Klosters eingelassen werden soll. So soll man den Fremden, die als Gast aufgenommen werden wollen, voll dienstbereiter Liebe entgegeneilen. Aber bevor man den Friedenskuss austauscht, soll man miteinander beten – „wegen der Täuschungen des Teufels" (Benediktsregel 53,5). Wenn Brüder von der Reise zurückkehren, sollen sie um das Gebet bitten wegen der Fehler unterwegs, wenn sie Böses gesehen und gehört und Unnützes geredet haben. Auch sollen sie nicht alles erzählen, was sie außerhalb des Klosters gesehen oder gehört haben.

Diese Unterscheidungsgabe, die nur in innerer Sammlung, im Gebet gefunden werden kann, ist für uns im Kloster, wie für jeden Menschen, heute mehr denn je wichtig, da so vieles aus der Welt an Verführerischem auf uns einströmt. Was wir etwa aus der Welt der Medien in unseren Raum einlassen – an Zersetzendem, zu Gier, Neid oder Hass Anregendem, mit immer neuen Sensationen Beunruhigendem, bedarf der Wachsamkeit und Entschiedenheit. In einer Welt gegenseitiger Abhängigkeit und notwendiger Kommunikation ist auch das Kloster mehr als früher mit der Welt verbunden. Doch auch schon Benedikt kennt etwa den Verkauf von Klostererzeugnissen an andere und mahnt vor dem Übel des Betrugs oder der Habgier.

Benedikt weiß auch um die guten Einflüsse von außen. Im 64. Kapitel über die Einsetzung des Abtes erwähnt er die Möglichkeit, dass eine Gemeinschaft einen Vorsteher wählt, der mit ihrem sündhaften Leben einverstanden ist. Wenn solche Missstände dem Bischof oder den Äbten oder Christen der

Nachbarschaft zur Kenntnis kommen, sollen sie eingreifen: „Sie dürfen wissen: wenn sie sich in reiner Absicht und vom Eifer für Gott leiten lassen, werden sie dafür reich belohnt, andererseits machen sie sich schuldig, wenn sie es versäumen" (Benediktsregel 64,6).

So stehen Kloster und Welt immer in einer Wechselbeziehung. Auch die Lebensbeschreibung Benedikts berichtet von dieser Wechselbeziehung. Das beginnt schon bei den Hirten, die ihn in seiner Höhle entdecken. „Sie brachten ihm Nahrung für den Leib und nahmen in ihren Herzen dafür aus seinem Mund Nahrung für das Leben mit" (Vita 1,8). Menschen kommen zum Kloster, um eine Hilfe oder einen Rat zu erbitten. Da begegnet der Gotenkönig Totila mit seinem Gefolge Benedikt in Montecassino, wird von ihm durchschaut, mit seiner Zukunft konfrontiert und zur Abkehr von seiner Gewalttätigkeit gemahnt. Hier kommt also Welt zum Kloster.

In der Geschichte benediktinischen Lebens wird die Arbeit der Mönche freilich bald auch in den Dienst der Seelsorge und der Bildung der Menschen des Umlandes gestellt, ja sogar der Mission in fernen Ländern. So predigen Bonifatius und seine angelsächsischen Gefährten im Frankenreich, besonders in unseren deutschen Landen. Seit Ende des 19. Jahrhunderts machen sich die Benediktiner von St. Ottilien zur Mission in Afrika, Asien und Lateinamerika auf. Freilich gewinnt das pastorale und kulturelle Wirken seine besondere Kraft gerade durch die Gründung klösterlicher Zentren, durch diese Verwurzelung aller Tätigkeiten in der bleibenden Stätte des Klosters.

O.L.

Außenbeziehungen regeln

NOCH EINER POSITION im Kloster widmet Benedikt ein eigenes Kapitel – dem Pförtner. Er ist für ihn so bedeutsam, dass er fordert: „An die Pforte des Klosters stelle man einen weisen älteren Bruder, der Bescheid zu empfangen und zu geben weiß und den seine Reife daran hindert, sich herumzutreiben" (Benediktsregel 66,1). In Klöster kann man nicht einfach so hineinmarschieren. Jeder, der bereits einmal ein Kloster besucht hat, weiß, dass er zuerst an der Pforte sein Anliegen schildern muss. Erst, wenn er den Grund seines Besuchs plausibel erläutern kann, wird er eingelassen. Dies ist vor allem ein Schutz sozusagen der klösterlichen Privatsphäre. Die Ordensleute möchten nicht jede Person ohne Prüfung in ihr abgeschlossenes Klosterleben hineinlassen. Sie haben ja mit Bedacht diese abgeschiedene Lebensform gewählt. So muss, wer zutreten will, eine Art Schleuse passieren. Benedikt geht es auch darum, seine Mitbrüder nicht Versuchungen auszusetzen, die von außen kommen könnten, äußere Einflüsse also nicht ungefiltert in die Klosterwelt eindringen zu lassen.

Diese Pflege eines Raumes, zu dem Sie nicht jedem jederzeit Zutritt gewähren, in dem Sie nicht jeden und alles in Ihr Leben hineinlassen, ist, im übertragenen Sinn, auch außerhalb von Klostermauern, hilfreich und notwendig.

- Lassen Sie sich nicht leichtfertig von Ihrem eingeschlagenen Weg abbringen.
- Schaffen Sie sich Rückzugsorte und pflegen Sie diese, wenn Sie das Gefühl haben, mit sich alleine sein zu müssen.
- Lassen Sie sich nicht ablenken und seien Sie diesbezüglich Ihr eigener Pförtner.
- Lassen Sie sich nicht durch äußere Einflüsse dominieren, sondern regeln Sie selbst, diese im im rechten Maß zuzulassen.

P. A.

Frater Simon im Dienst an der Klosterpforte in St. Bonifaz

Entscheiden aufgrund von Beratung

„Dass aber alle zur Beratung zu rufen seien, haben wir deshalb gesagt, weil der Herr oft einem Jüngeren offenbart, was das Bessere ist."

BENEDIKTSREGEL 3,3

SOSEHR DIE BENEDIKTSREGEL die Verantwortung des Abtes betont und durch ihn die Einheit der Gemeinschaft garantiert, so sehr haben doch alle Glieder der Gemeinschaft an dieser Verantwortung teil. Darum fügt die Regel an das 2. Kapitel über den Abt das 3. Kapitel über die Einberufung zum Rat an. So oft etwas Wichtiges im Kloster zu behandeln ist, soll der Abt die ganze Gemeinschaft zusammenrufen. Bei weniger wichtigen Angelegenheiten soll er nur einen Kreis von Älteren oder Weisen zum Rat heranziehen. Aber sonst gilt, dass alle befragt werden, auch die Jüngeren, denen man vielleicht Erfahrung und Weisheit absprechen möchte, gerade bei der Hochschätzung des Alters in der römischen Gesellschaft. Aber Gott gibt das Charisma des Rates unabhängig von Alter und Ansehen.

Das 63. Kapitel nennt als Beispiel für die Geisterfülltheit gerade Jüngerer Samuel und Daniel, die als Junge über die Ältesten Gericht gehalten haben (Benediktsregel 63,6). Dieses Ratgeben soll freilich ohne Anmaßung und ohne hartnäckige Verteidigung der eigenen Ansichten geschehen. Denn: „Keiner darf im Kloster dem Willen seines eigenen Herzens folgen" (Benediktsregel 3,8). Der Gehorsam gegenüber dem immer wieder neu zu erfragenden Willen Gottes geschieht im Horchen aufeinander. Die Regel des heiligen Benedikt sieht freilich nicht

e mit Stimmzetteln: Abstimmung im Kloster

Mehrheitsbeschlüsse der Gemeinschaft vor, sondern das sorgfältige Abwägen der Ratschläge durch den einen Verantwortlichen, den Abt.

Im Laufe der Geschichte der Benediktiner und der Entwicklung des kirchlichen Rechts hat sich eine genauere Festlegung der Mitbestimmungsrechte der Gemeinschaft entwickelt, die den Abt in verschiedenen Fällen an die mehrheitliche Zustimmung der Gemeinschaft zu seinen Maßnahmen binden.

Das darf freilich nicht zu bloßem Taktieren verführen. Vielmehr: „Der Abt beteilige alle an der Entscheidungsfindung, lasse Minderheiten nicht kurzerhand niederstimmen und versuche, auch von der Mehrheit gefasste Beschlüsse in versöhnte Einmütigkeit zu verwandeln" (Satzungen der Bayerischen Benediktinerkongregation, 1989).

So zählen unsere Satzungen neun Fälle auf, in denen der Abt die Zustimmung des Kapitels braucht, und drei, in denen er wenigstens um Rat fragen muss. Für weniger wichtige Angele-

Beratung im Kloster: der Kapitelsaal im Kloster Andechs

genheiten hatte schon Benedikt einen engeren Rat vorgesehen, der öfters zusammentreten konnte. Dieses sogenannte *Seniorenkapitel* setzt sich aus Amtsträgern und gewählten Vertretern des Konvents zusammen. Seine Zustimmung ist in zwölf Fällen notwendig. Auch sonst empfehlen die Satzungen Informations- und Beratungstreffen, weil Information und Dialog wichtige Voraussetzung sind, um den rechten Weg einer Gemeinschaft in die Zukunft zu finden. O.L.

Entscheidungen gemeinsam verantworten

BENEDIKT SIEHT IN SEINER REGEL vor, dass sich der Abt bei wichtigen Entscheidungen den Rat von Mitbrüdern einholt. „So oft etwas Wichtiges im Kloster zu behandeln ist, soll der Abt die ganze Gemeinschaft zusammenrufen und selbst darlegen, worum es geht. Er soll den Rat der Brüder anhören und dann mit sich selbst zu Rate gehen" (Benediktsregel 3,1f).

Benedikt wollte damit wohl vermeiden, dass ein Klostervorsteher einsame Entscheidungen gegen den Willen der Mehrheit seiner Mitbrüder traf. Dass er zu abgehoben wurde und beratungsresistent. In Anbetracht der langen Amtszeit vieler Äbtissinnen und Äbte liegen diese Bedenken nahe – ähnlich wie bei Unternehmern oder Managern, die zu lange an der Spitze stehen und dabei die Bodenhaftung verloren haben. Beratungsgremien können verhindern, das rechte Maß aus den Augen zu verlieren.

In der Klosterordnung sind deshalb verschiedene Gremien verankert. Es gibt beispielsweise den *Seniorat* (das Seniorenkapitel), der zum Beispiel über Investitionen bis zu einer gewissen Höhe entscheidet, oder, in größeren Konventen, sogenannte *Dekanien*.

Das sind Gruppen von Ordensleuten, die sich aus Mitgliedern verschiedener Altersklassen zusammensetzen. Sie wählen aus ihrer Mitte einen Sprecher, der sie vertritt. So kann man vermeiden, dass bei Entscheidungen im Kloster, die nicht so weitreichend sind, der ganze Konvent zusammentreten muss. Das ganze Kapitel, also der gesamte Konvent, tritt allerdings vollzählig zusammen, wenn wichtige Entscheidungen anstehen.

Dazu zählt natürlich an erster Stelle die Wahl einer neuen Äbtissin beziehungsweise eines Abts, aber auch die Abstimmung über die Aufnahme einer neuen Kandidatin beziehungsweise eines Kandidaten ins Kloster oder Entscheidungen über große Investitionen. Und die können auch bei Klöstern rasch in astronomische Höhen klettern. Ich kenne beispielsweise Klöster mit historischer Bausubstanz, die so marode ist, dass Millionenbeträge aufgebracht werden müssen, um sie zu retten.

Benedikt hatte mit der Institutionalisierung von Beratungsgremien wohl im Sinn, dass weitreichende Entscheidungen über den Kopf der Ausführenden hinweg oft nur widerwillig ausgeführt werden, weil sie nicht dahinter stehen. Eine sehr weise Überlegung, denn damit ist niemandem geholfen. Weder dem Entscheidungsträger, weil seine Anordnungen nicht exakt umgesetzt werden, noch den Ausführenden, weil sie frustriert sind.

Es ist manchmal nicht nachvollziehbar, warum Personen in Führungsverantwortung diese einfache Formel nicht anwenden. Firmenchefs haben ein stark motiviertes Team und können ihre Betriebsergebnisse verbessern, wenn sie ihre Mitarbeiter in Entscheidungen einbeziehen und nicht Anweisungen „von oben herab" verordnen. Mit ins Boot nehmen, Verantwortung übertragen, das motiviert und führt zu besseren Ergebnissen.

Wenn Sie für Menschen Verantwortung tragen:
- Treffen Sie keine einsamen Entscheidungen.
- Holen sie den Rat der anderen ein.
- Teilen Sie Verantwortung, so motivieren Sie und erhalten ein besseres Ergebnis, für das sich alle verantwortlich fühlen.

Dies betrifft im Übrigen nicht nur Unternehmen, sondern auch die Familienstruktur und alle Organisationen, an denen mehrere Menschen beteiligt sind.

P. A.

VII. Einfach leben · gelassen

eben · in Freude leben

Einfach leben

„Man nehme alles so, wie es sich in der Gegend, wo sie wohnen, findet oder was man billiger kaufen kann."

BENEDIKTSREGEL 55,7

DER BENEDIKTINER KENNT NICHT wie die anderen Orden die drei klassischen Gelübde von Armut, Ehelosigkeit und Gehorsam. Benedikt selber verwendet nie das Wort „Arme" für seine Mönche. Die Armen freilich werden immer wieder genannt, etwa dass sie mit besonderer Sorgfalt als Gäste aufgenommen werden sollen. „Denn in ihnen wird Christus mehr aufgenommen" (Benediktsregel 53,15). Das Auftreten der Reichen verschaffe sich ja von selber die entsprechende Beachtung. Auch der Pförtner soll auf das Rufen des Armen achten. Wer im Kloster ein neues Gewand bekommt, soll das alte abgeben, damit es in der Kleiderkammer für die Armen aufbewahrt wird (Benediktsregel

55,9). Benedikt setzt also zweifelsohne voraus, dass es Ärmere als seine Mönche gibt.

Die klösterliche Gemeinschaft als Ganzes ist nicht radikal arm, sondern hat Besitz, der Voraussetzung ist für das gemeinsame Leben und für den gemeinsamen Dienst im Gotteslob und am Nächsten. Vorbild ist für Benedikt die Urgemeinde in Jerusalem, wie sie die Apostelgeschichte schildert: „Die Gemeinde der Gläubigen war ein Herz und eine Seele. Keiner nannte etwas von dem, was er hatte, sein Eigentum, sondern sie hatten alles gemeinsam" (Apg 4,32). „Es gab auch keinen unter ihnen, der Not litt" (Apg 4,34).

Darum hat das einzelne Glied der Gemeinschaft kein Eigentum. Der Mönch darf sich nichts vorbehalten, denn er selber und alles, was er hat, gehört der Gemeinschaft. Wer sich ihr verbindlich anschließt, muss auf sein bisheriges Eigentum verzichten. Er soll es vorher an die Armen verteilen oder es durch eine Schenkung dem Kloster vermachen (Benediktsregel 58,24). So legt er auch sein weltliches Gewand ab und „zieht die Sachen des Klosters an" (Benediktsregel 58,26). Weil er nun keine eigene Verfügungsgewalt mehr hat, nehme er sich nicht heraus, „ohne Erlaubnis des Abtes etwas zu geben oder anzunehmen" (Benediktsregel 33,2). Aber deshalb dürfen die Mönche auch vom Vater des Klosters alles Notwendige erwarten.

Für manche ist der Gedanke, sich so in die Abhängigkeit der Gemeinschaft, eines Oberen zu begeben, beängstigend. Aber das bedeutet zugleich eine große Unabhängigkeit von den Dingen, eine innere Freiheit. Sie macht deutlich, dass jeder Christ über seinen Besitz nicht willkürlich verfügen kann, sondern er für den rechten Gebrauch verantwortlich ist. Was dem einzelnen Mönch an Mitteln gegeben ist, darüber verfügt er nicht nach eigenem Gutdünken, sondern entsprechend dem Auftrag, den er empfangen hat. Zugleich ist er bereit, loszulassen, nicht an diesem oder jenem Gegenstand oder Tun zu hängen.

Sache des Abtes und damit der ganzen Gemeinschaft ist es, festzulegen, was zum Notwendigen für jeden gehört. Benedikt nennt im 55. Kapitel: „Kukulle, Tunika, Socken, Schuhe, Gürtel, Messer, Griffel, Nadel, Tuch, Schreibtafel" (Benediktsregel 55,19) – das muss man heute natürlich nach den Umständen erweitern, auf den Computer etwa oder das Transportfahrzeug. Was aber über das Notwendige hinausgeht, sei überflüssig „und muss entfernt werden" (Benediktsregel 55,11). Freilich gesteht Benedikt zu, dass all dies der Lage und dem Klima des Wohnortes entsprechen soll: „denn in kalten Gegenden braucht man mehr, in warmen weniger" (Benediktsregel 55,2). Auch dürfen diejenigen, die auf Reisen geschickt werden, etwas bessere Kleidung erhalten – was wohl der Würde und dem Ansehen des Mönchstandes dienen soll.

Auf jeden Fall ist der klösterlichen Gemeinschaft ein einfacher Lebensstil angemessen: „Über Farbe oder groben Stoff der Kleidungsstücke sollen sich die Mönche nicht beschweren." Man soll das nehmen, was sich in der Gegend vorfindet oder was man billiger kaufen kann. (Benediktsregel 55,7). Wie sich der von Benedikt angestrebte einfache Lebensstil je nach den Bedingungen der natürlichen und gesellschaftlichen Umgebung wandeln kann und soll, ist jeweils von den klösterlichen Gemeinschaften sorgfältig zu prüfen. Dass man sich in mittelalterlichen Adelsstiften oder auch in manchen modernen Klöstern von Benedikts Vorgabe allzu weit entfernt hat, ist wohl nicht zu bestreiten.

O.L.

...tschriften und Tageszeitungen im „Freizeitzimmer" der Mönche im Kloster St. Bonifaz

Persönliches Eigentum

„Hier ist für alles gesorgt. Ich habe nur wenige private Dinge, die mir ganz persönlich gehören."
Sr. Paulinia Baumgartner (73)
Steyler Missionarin

Ordensleute haben keinen Besitz, bis auf einige persönliche Kleinigkeiten, die sie mit ins Kloster genommen haben. Soweit ich es von einzelnen Nonnen oder Mönchen erfahren habe, sind dies Dinge wie Bücher, CDs und Fotos. Alle anderen Besitztümer haben sie vor dem Eintritt ins Kloster verschenkt oder testamentarisch übertragen. An ihre Familie, an andere nahestehende

Personen oder auch an ihren Konvent. „Keiner habe etwas als Eigentum, überhaupt nichts..." (Benediktsregel 33,3).

Einrichtungsgegenstände und alle weiteren Dinge des täglichen Bedarfs stellt das Kloster allen Mitgliedern des Konvents zur Verfügung. Natürlich erhalten auch Ordensleute manches Mal Geschenke. Sobald es sich dabei aber um mehr als Kleinigkeiten handelt, fragen sie beim Klostervorsteher nach, ob sie den Gegenstand behalten dürfen. Denn: „Der Mönch darf keinesfalls ohne Weisung des Abtes von seinen Eltern oder irgendjemandem, auch nicht von einem anderen Mönch Briefe, Eulogien (= Segenswünsche) oder sonst kleine Geschenke annehmen oder geben. Selbst wenn seine Eltern ihm etwas geschickt haben, darf er sich nicht anmaßen, es anzunehmen, ehe der Abt benachrichtigt wurde" (Benediktsregel 54,1f).

Auch für die Kleidung sorgt das Kloster. Die meisten Ordensleute, die ich kenne, besitzen zwei Habits (Ordensgewänder). Sind sie beschädigt oder abgetragen, werden sie vom Schneider

des Klosters geflickt oder ausgetauscht. Die Habits verstorbener Mitschwestern oder -brüder wandern in die Kleiderkammer und werden bei Bedarf mit kleinen Änderungen an ein anderes Ordensmitglied oder einen Novizen weitergegeben. „Der Abt sorge aber für das rechte Maß, dass die Kleider nicht zu kurz sind, sondern denen, die sie tragen, passen" (Benediktsregel 55,8). Auch wenn die Ordensgewänder so lange wie möglich getragen werden, sollen die Konventmitglieder vernünftig darin aussehen. Daran ist auch heute den Klöstern gelegen.

Natürlich ist es in unserer Zeit so, dass Ordensleute auch zivile Kleidung tragen. Bei gewissen Tätigkeiten im Kloster oder auch, wenn sie außerhalb sozusagen privat unterwegs sind. Im Urlaub, beim Besuch von Familie oder Freunden beispielsweise. Diese Kleidungsstücke bekommen sie häufig geschenkt. Ab und zu werden ihnen auch Geldgeschenke zugesteckt, wie mir das ein oder andere Klostermitglied verraten hat. Auch wenn dies nicht ganz mit den Klosterregeln vereinbar ist, geben sie diese nicht immer an den Klostervorsteher weiter, sondern heben die finanzielle Zuwendung manchmal für ihre Urlaubstage außerhalb des Klosters auf.

Alles Guthaben des Klosters, alle Werte sind gemeinschaftliches Eigentum. „‚Alles sei allen gemeinsam', wie es in der Schrift heißt, damit keiner etwas als sein Eigentum bezeichnen oder beanspruchen kann" (Benediktsregel 33,6). Man stelle sich dies einmal in unserer Gesellschaft vor: vollkommen ohne persönlichen Besitz zu sein!

Benedikts Vorgaben der persönlichen Besitzlosigkeit können auch uns als Anregung dienen:
- Reduzieren Sie Konsum bei sich selbst und überhäufen Sie auch andere nicht mit Gegenständen.
- Misten Sie zu Hause aus, erleichtern Sie sich.

- Schenken Sie Werte, die es nicht zu kaufen gibt: Zeit, Zuneigung, Fürsorge, Freude, Liebe.
- Diese Erlebnisse sind nicht nur Geschenke für andere Menschen, sondern auch für Sie persönlich.
- Die Freude, die Sie bereiten, ernten Sie auch selbst.

„Man halte sich an das Wort der Schrift: Jedem wurde so viel zugeteilt, wie er nötig hatte" (Benediktsregel 34,1). Ordensleute haben kein persönliches Einkommen. Alles, was sie im Kloster erarbeiten, sowie Gehälter, die sie möglicherweise bei Tätigkeiten außerhalb des Klosters verdienen, gehen in den gemeinschaftlichen Besitz über. Davon sind auch Spitzenverdiener im Kloster nicht ausgenommen, wie beispielsweise Pater Anselm Grün, der durch seine Buchtantiemen und Vortragshonorare die Klostereinnahmen doch beachtlich aufstocken kann. Natürlich gibt es auch in einem Kloster Menschen, die sehr viel arbeiten und viel zum gemeinsamen Einkommen beitragen, und andere, die weniger „fleißig" sind.

Das in unserer Welt geltende Prinzip von Leistung und Belohnung gilt im Kloster nicht. Das mag im Einzelfall zu Unmut führen, wenn Leistungsträger das Gefühl haben, andere nicht so Leistungswillige „durchfüttern" zu müssen. Jeder, der ins Kloster eintritt, weiß aber, dass hier das Prinzip der Gemeinschaft gilt, in dem Stärkere die Schwächeren unterstützen. Der Abt muss auch hier auf das rechte Maß achten, dass jeder nach seinen Möglichkeiten zum Gemeinschaftsleben beiträgt.

Das rechte Maß finden:
- Leistungsprinzip: Anreize für persönliche Leistungen bieten
- Bedürfnisprinzip: Menschen, die nicht so leistungsfähig sind, mittragen.

P. A.

Gemeinschaftseigentum

SORGEN MACHEN SICH IMMER wieder auch im Kloster breit, selbst wenn dort großes Gottvertrauen herrscht. Sorgen, so weiß ich aus vielen Konventen, bereiten zum Beispiel große historische Klosteranlagen, die renovierungsbedürftig sind, oder klösterliche Betriebe, die wenig Ertrag bringen. Für diejenigen, die wirtschaftliche Verantwortung im Kloster haben, ist die Last dadurch beträchtlich. Schlechtes Wirtschaften und unbedachter Umgang mit Besitztümern haben nämlich zur Folge, dass alle darunter leiden müssen. Benedikt gab daher vor: „Den Besitz des Klosters, nämlich Werkzeug, Kleidung und andere Dinge, vertraue der Abt Brüdern an, auf deren Lebensweise und Charakter er sich verlassen kann" (Benediktsregel 32,1). Und im Hinblick auf den Cellerar schrieb er: „Er vergeude nicht das Vermögen des Klosters, sondern tue alles

mit Maß und nach Weisung des Abtes" (Benediktsregel 31,12). Hier ist es wieder, das rechte Maß. Mit Maß wirtschaften, mit Maß Verantwortung teilen.

Das klösterliche Prinzip des gemeinschaftlichen Besitzes ist nicht ungeschickt. Auch manche Unternehmen sind dazu übergegangen, Anteile an Mitarbeiter zu veräußern und sie damit stärker in die Verantwortung zu ziehen. Mit den Werten des Unternehmens – sowohl den materiellen als auch den ideellen – werden sie dann sicher sorgsamer umgehen.

Diese Unternehmen haben verstanden, dass man durch Einbindung Mitarbeiter auch stärker motivieren kann. Sie entscheiden nicht über den Kopf ihrer Angestellten. Sie ordnen nicht an, sondern erläutern ihre Entscheidungen. Die Meinung der Mitarbeiter ist ihnen nicht gleichgültig. Auf diese Weise verhindern sie, dass die Mitarbeiter Entscheidungen lediglich laut Anordnung umsetzen, ohne hinter ihnen zu stehen.

- Übertragen Sie Ihren Mitarbeitern Verantwortung und gegebenenfalls auch Beteiligungen.
- Beteiligung schafft Anreize und motiviert!

P. A.

Gelassen leben

„Vor allem darf der Abt über das Heil der ihm Anvertrauten nicht hinwegsehen oder es gering schätzen und sich größere Sorge machen um vergängliche, irdische und hinfällige Dinge."

BENEDIKTSREGEL 2,33

DA DER BESITZ, DAS VERMÖGEN des Klosters die Voraussetzung für das gemeinsame Leben und Wirken ist, darf etwa der Wirtschaftsverwalter das Vermögen des Klosters nicht vergeuden. „Er sei weder der Habgier noch der Verschwendung ergeben" (Benediktsregel 31,12). Das gilt ebenso für den Abt wie für die ganze Gemeinschaft. Auch die Gemeinschaft kann ja einem bloßen Gewinnstreben und Sicherheitsbedürfnis verfallen. Darum darf sich der Abt nicht „größere Sorge machen um vergängliche, irdische und hinfällige Dinge" und dabei

das Heil der Seelen vernachlässigen (Benediktsregel 2,33). „Wegen des vielleicht allzu geringen Klostervermögens soll er sich nicht beunruhigen; vielmehr bedenke er das Wort der Schrift: Sucht zuerst das Reich Gottes und seine Gerechtigkeit, und dies alles wird euch dazugegeben" (Benediktsregel 2,35; Mt 6,33). Exemplarisch für eine solche Haltung ist eine Episode aus dem Leben Benedikts während einer schweren Hungersnot in Kampanien. Benedikt wollte einem Bittsteller den letzten Rest des Öls im Hause geben. Der Verwalter der Vorratskammer zögerte aber, diesen Befehl auszuführen, weil dann ja die Brüder nichts mehr hätten. Da ließ Benedikt die Ölflasche zum Fenster hinauswerfen, damit nichts im Ungehorsam im Kloster bleibe. Die Flasche fiel zwar auf Felsen, blieb aber unversehrt und konnte dem Bittsteller übergeben werden. Benedikt rief die Brüder zusammen zum Gebet, und da füllte sich ein leeres Fass wieder mit Öl. Ein Wunder des Vertrauens auf die Fülle, die uns Gott verheißt (Vita 28; 29).

Ohne das anvertraute irdische Gut zu vernachlässigen, darf doch unser Leben und Wirken getragen sein von dem Vertrauen, dass „das Gute ... nicht durch eigenes Können, sondern durch den Herrn geschieht" (Benediktsregel Prolog, 29). Sicher gibt es Menschen, die sich mit solcher Sorglosigkeit schwertun, weil sie einen überaus ängstlichen Charakter haben. Ein Mitbruder war ungemein gehemmt, immer im ängstlichen Zweifel, ob er alles recht mache. So hat er sicher viel Zeit mit unnötigen Sorgen verbracht. Aber je älter er wurde, desto gelassener war er in demütiger Heiterkeit. Schon sehr krank hat er sich im Herbst vor zehn Jahren noch mit seinem Gehwägelchen in die Chorkapelle zur Mittagshore begeben und zog dann mit uns allen in den Speisesaal. Als das Tischgebet mit dem Segensspruch „Des himmlischen Mahles teilhaftig mache uns der König der ewigen Herrlichkeit" geendet hatte, sank er plötzlich zusammen. Der herbeigerufene Arzt konnte nur noch den Tod feststellen. Das war gewiss kein fröhliches Mittagsmahl, aber eines, das mir trostreich und erbauend immer in Erinnerung bleibt.

Im Vertrauen auf das Wirken des Herrn werden Angst und Traurigkeit überwunden. Benedikts großes Anliegen ist immer wieder, dass die Menschen nicht traurig werden. Vom Wirtschaftsverwalter heißt es: „Er mache die Brüder nicht traurig" (Benediktsregel 31,6). Die Schwächeren sollen Hilfen erhalten, damit sie den Küchendienst verrichten können, „ohne traurig zu werden". Darum sollen die, die den wöchentlichen Küchendienst beendet haben, vor der Gemeinschaft sprechen: „Gepriesen bist du, Herr und Gott, du hast mir geholfen und mich getröstet" (Benediktsregel 35,16). Dem Ausgeschlossenen werden ältere weise Brüder geschickt, um ihn zu trösten, „damit er nicht in zu tiefe Traurigkeit versinkt" (Benediktsregel 27,3). Darum ist auch bei Widrigkeiten Freude und Dankbarkeit möglich. „Wer weniger braucht, danke Gott und sei nicht traurig" (Benediktsregel 34,3) – auch wenn er weniger bekommen hat. Wer sich in der Profess dem Dienst Gottes weiht, legt alles vertrauensvoll in die Hände Gottes. Er betet: „Nimm mich auf, Herr, nach deinem Wort, und ich werde leben; lass mich in meiner Hoffnung nicht scheitern" (Benediktsregel 58,21; Ps 119,116).

Dankbarkeit und Freude kennzeichnen den Weg des Mönches. Es ist der Weg der Hingabe und der Sehnsucht. Darum kann Benedikt im Kapitel über die Fastenzeit (und für ihn sollte das Mönchsleben immer wie in der Fastenzeit gestaltet werden) zweimal von der Freude schreiben. Von der Freude des Heiligen Geistes, in der einer etwas aus freien Stücken darbringen kann, und von der „Freude geistlicher Sehnsucht", mit der er das Heilige Ostern erwartet (Benediktsregel 49,6f). Mönchsleben ist ein Leben freudiger Dankbarkeit und zugleich freudiger Sehnsucht.

Es ist im Letzten die Sehnsucht nach dem ewigen Leben. Als mein Vorgänger im äbtlichen Amt, der gelehrte, menschenfreundliche und berühmte Radioprediger Professor Hugo Lang, 1966 schon von schwerer Krankheit gezeichnet war, überlegte ich mit ihm, wie wir sein 50-jähriges Priesterjubiläum feiern könnten. Sein einziger Wunsch war, es solle dabei eine von ihm geliebte Brucknermesse mit ihrem mächtigen Credo gesungen und gespielt werden. Als dann das *vitam venturi saeculi*, das Bekenntnis zum Leben der künftigen Herrlichkeit, erklang, sah man aus seinen Augen viele Tränen strömen. Das war ja sein zuversichtlicher Glaube, in dem er ein halbes Jahr später heimging. O.L.

Das Ziel: die Weite des Herzens

„Wer aber im klösterlichen Leben und im Glauben fortschreitet, dem wird das Herz weit und er läuft in unsagbarem Glück der Liebe den Weg der Gebote Gottes."

BENEDIKTSREGEL PROLOG 49

DER FORTSCHRITTSGLAUBE der Neuzeit ist in eine Krise geraten, da wirtschaftliches Wachstum an seine Grenzen stößt und technischer Fortschritt zugleich zur todbringenden Zerstörung des Lebens führen kann. Und doch ist die Welt auf Evolution angelegt und der Mensch auf ein Weiterkommen und Voranschreiten. Aber beides kann sich nicht im Materiellen und bloß Irdischen vollenden. Benedikt weist im Schlusskapitel daraufhin, dass seine einfache Regel des Anfangs dazu helfen kann, zum himmli-

schen Vaterland zu eilen und zu den Gipfeln der Lehre und der Tugend unter dem Schutz Gottes zu gelangen (Benediktsregel 73,8f). Gewiss haben wir oft den Eindruck, dass der Anfang eines Weges leichter und begeisternder ist als die weiteren Strecken. So spricht Benedikt vom Anfangseifer *(fervor novicius)* der Begeisterung für das Mönchsleben, ohne schon im klösterlichen Alltag bewährt und zum Kampf geschult zu sein (Benediktsregel 1,3f). Beides ist für Benedikt die Voraussetzung für den Weg etwa zum Eremiten, zum Einzelkämpfer, aber auch zur Vollkommenheit klösterlichen und christlichen Lebens schlechthin. Darum will Benedikt, so sagt er am Ende des Prologs, „eine Schule für den Dienst des Herrn einrichten".

Er hofft zwar nichts Hartes und Schweres darin festzulegen, meint aber doch, dass es auch etwas strenger zugehen müsse und der Weg des Heils am Anfang nicht anders als eng sein kann, gemäß dem Herrenwort „Das Tor, das zum Leben führt, ist eng und der Weg dahin ist schmal" (Mt 7,14). Es ist die Entschiedenheit, nicht das eigene Begehren zu erfüllen, sondern Jesus nachzufolgen, der gekommen ist, den Willen dessen zu tun, der ihn gesandt hat.

Von dieser Entschiedenheit heißt es bei der 2. Stufe der Demut: „Bindung erwirbt die Krone" (Benediktsregel 7,32f; vgl. Joh 6,38). Diese freie Entscheidung, sich an den Willen des Herrn zu binden, führt zu immer größerer Freiheit und Weite.

Darum kann Benedikt am Ende des Prologs sagen: „Wer aber im klösterlichen Leben und im Glauben voranschreitet, dem wird das Herz weit und er läuft in unsagbarem Glück der Liebe den Weg der Gebote Gottes" (Benediktsregel Prolog, 49). Es gibt also einen Fortschritt, der nicht erlahmt, sondern die biblische Forderung „Lauft!" nicht in äußerer Schnelligkeit, sondern in der inneren Bewegung, im Glück der Liebe erfüllt. Da weitet sich das Herz nach der Verheißung: „Ich eile voran auf dem Weg deiner Gebote, denn mein Herz machst du weit" (Ps 119,32). Was diese Weite des Herzens bedeutet, macht das Turmerlebnis des heiligen Benedikt am Ende seines Lebens deutlich. Da wird die Nacht von einem Licht erhellt, das alle Finsternis vertreibt.

Benedikt berichtet: „Die ganze Welt wurde ihm vor Augen geführt, wie in einem einzigen Sonnenstrahl gesammelt." Und der Lebensbeschreiber Gregor deutet das so: „So wurden nicht Himmel und Erde eng, sondern die Seele des Schauenden weit." „Im Licht innerer Schau öffnet sich der Grund des Herzens, weitet sich in Gott und wird so über das Weltall erhoben" (Vita 35,3.6.7). Wenn unter den Werkzeugen der geistlichen Kunst die Regel auch das Ersehnen des ewigen Lebens mit allem geistlichen Verlangen

nennt, dann ist damit eben jene Weite angezielt, die der Mensch in der Verbundenheit mit dem erlangt, der alles in sich vereint.

Das Viele, das uns umgibt, ist so oft im Widerstreit mit sich selber. Das Irdische, in dem wir leben, kann uns ganz in Beschlag nehmen und zerbricht doch selber. Der Weg des klösterlichen Lebens will in der rechten Ordnung des Vielen, im rechten Maß des Irdischen, zu einer letzten Einheit führen, zur Weite Gottes, die alles umfasst.

O.L.

Sonnenuhr am Turm der Wallfahrtskirche Andechs mit der lateinischen Mahnung: „In einer dieser Stunden wirst du sterben."

In Freude leben

DAS LEBEN SOLL FREUDE und Lust bringen, das ist Benedikts Anliegen. Bei allen Regelungen und Vorgaben wird immer wieder deutlich, dass dem Ordensvater die menschlichen Schwächen nicht fremd sind. Er zeigt Verständnis dafür und berücksichtigt die menschliche Komponente auch immer in seiner Regel. Wenn jemand, der etwas auf dem Kerbholz hat, Einsicht zeigt, ist Benedikt der Letzte, der sich abwendet.

Wichtig ist ihm, dass die Menschen bei allem, was sie tun, Freude empfinden. „Die Jünger müssen ihn (den Gehorsam) mit frohem Herzen leisten, denn Gott liebt einen fröhlichen Geber" (Benediktsregel 5,16). Fröhlichkeit, Freude, Motivation, Menschlichkeit, das sind die wichtigen Komponenten in Benedikts Regel. Und daraus können wir für unser Leben außerhalb der Klostermauern viel lernen, nämlich

Eine Balance anzustreben zwischen
- Arbeit und Freizeit
- Ruhe und Bewegung
- Reden und Schweigen.

Das rechte Maß zu finden im Umgang mit den Mitmenschen, indem wir
- uns um andere kümmern, aber sie nicht umklammern
- anderen Vorgaben machen, aber sie nicht einengen
- bei Vergehen Sanktionen vorsehen, aber niemanden verdammen
- immer an das Gute im Menschen glauben.

Für unser persönliches Befinden sollte gelten:
- sich an veränderte Lebensumstände anpassen, aber nicht jede Mode mitmachen
- demütig sein, aber nicht katzenbuckeln
- sich Gutes tun, aber nicht egozentrisch werden.

Alles in allem:
- sorgsam mit allen und allem Anvertrauten umgehen, so dass man ein Leben im rechten Maß führen kann.

P.A.

Literaturhinweise

Die Benediktsregel. Lateinisch/Deutsch, Beuroner Kunstverlag 2005. Im Text zitiert als *Benediktsregel*

Gregor der Große, Der heilige Benedikt, Buch II der Dialoge, EOS-Verlag, St. Ottilien 1995. Im Text zitiert als *Vita*

Petra Altmann, Wohlfühltipps aus dem Kloster, Don Bosco Verlag, München 2007

Petra Altmann, Atem holen im Kloster, St. Ulrich Verlag, Augsburg 2006

Anselm Grün / Petra Altmann, klarheit, ordnung, stille – Was wir vom Leben im Kloster lernen können, Gräfe und Unzer Verlag, München 2007

Anselm Grün / Petra Altmann, klarheit, ordnung, stille – Audiobook, Verlag Hoffmann und Campe, Hamburg 2008

Joan Chittister, Nimm diese Regel als Anfang – Die Benediktsregel als Leitfaden für das Leben, Vier-Türme-Verlag, Münsterschwarzach 2008

Anselm Grün, Menschen führen, Leben wecken: Anregungen aus der Regel Benedikts, Vier-Türme-Verlag, Münsterschwarzach 2007

Odilo Lechner, Wege zum Leben: Benedikts Weisung für die Zukunft, Heyne Verlag, München 2005

Odilo Lechner, In der Stille finde ich die Mitte, Gütersloher Verlagshaus, Gütersloh 2008

Michaela Puzicha, Kommentar zur Benediktusregel, EOS-Verlag, St. Ottilien 2002

Notker, Wolf (Hrsg.), Die Botschaft Benedikts – Die Weisheit seiner Äbte und Äbtissinnen, Vier-Türme-Verlag, Münsterschwarzach 2008

St. Bonifaz und Andechs

1835 wurde der Grundstein für die Abtei St. Bonifaz in München gelegt, 1850 erfolgte die feierliche Einweihung. Um diesem Kloster, das – für Benediktiner ungewöhnlich – mitten in der Stadt liegt, eine materielle Lebensgrundlage zu verschaffen, erstand König Ludwig I. von Bayern das Kloster Andechs samt seiner landwirtschaftlichen Flächen als Versorgungsgut. Wallfahrtskirche und Kloster Andechs, von weither sichtbar auf dem «Heiligen Berg» über dem Ostufer des Ammersees, waren seit vielen Jahrhunderten ein beliebtes Ziel für die Pilger. 1803 im Zuge der Säkularisation aufgelöst, wurde mit der Gründung von St. Bonifaz in München auch das Kloster Andechs neu belebt.

Die Arbeitsgebiete, denen sich die Mönche beider Häuser heute widmen, sind vor allem die Seelsorge in Wallfahrt und Pfarreien, die Wissenschaft im Studium und in der Pflege einer großen Bibliothek, die Bildung in Vortragsveranstaltungen, sowie seit einigen Jahren in München die Betreuung von Obdachlosen.

Abt von St. Bonifaz und Andechs war von 1964 bis 2003 Abt Odilo Lechner, sein Nachfolger in diesem Amt ist Abt Johannes Eckert.

www.sankt-bonifaz.de
www.andechs.de

Der Verlag dankt Abt Johannes Eckert, Abt Odilo Lechner und allen Mönchen von St. Bonifaz und Andechs sowie Herrn Martin Glaab von der Presseabteilung in Andechs für die gewährte Gastfreundschaft und Unterstützung, die die fotografischen Aufnahmen dieses Buches möglich gemacht haben.

Register

Benediktsregel

Prolog, 1 71	5,14 77	27,3 211	40,6 62
Prolog, 1f 71	5,16 216	27,5 105	40,8 53
Prolog, 29 210	6 85	27,6 171	40,9 146
Prolog, 44 101	6,3 56	28,3 153	41,5 147
Prolog, 45 40	6,3f 79	28,4f 150	42,1 57
Prolog, 49 ..... 212, 213	6,4.5 84	28,4ff 163	43,1 159
1,2 168	7 .... 85, 87	28,8 .... 150, 163	43,4f 159
1,3f 213	7,1 85	29 .... 119, 150	43,8 58
2 190	7,10 91	30,1 150	46,1ff 160
2,3 171	7,26f 91	31,1 183	46,5f 162
2,11f 168	7,29 91	31,2 180	48,1 .... 34, 41
2,14 177	7,31 92	31,4f 183	48,7-9 36
2,16f 177	7,32f 213	31,6 210	48,18f.23 158
2,19 168	7,34 92	31,8 101	48,24 123
2,20 110	7,35 93	31,9 122	49,3 155
2,22 171	7,44 93	31,10 180	49,6f 211
2,23 148	7,49 94	31,10-12 40	50,1-3 118
2,23f 178	7,49f 108	31,10f 180	53 136
2,24 66	7,51 94	31,12 ..... 183, 207, 208	53,4 138
2,24f 149	7,55 95	31,18f 180	53,5 186
2,26 178	7,56 .... 56, 79, 95	32,1 205	53,8 136
2,31 178	7,56–58 79	32,4 181	53,10 143
2,33 .... 208, 209	7,59 95	33,2 199	53,15 .... 105, 198
2,34 179	7,60 96	33,3 202	54,1f 202
2,35 209	7,60f 80	33,6 .... 111, 203	55,2 200
3 190	7,62 96	34,1 204	55,7 .... 198, 200
3,1f 193	7,67–70 89	34,1.2 38	55,8 203
3,3 .... 133, 190	8,1f 33	34,3 211	55,9 199
3,8 190	11,12 157	34,5 .... 108, 111	55,11 200
4 85	13,12f 108	34,6 146	55,19 200
4,1 70	18,22 21	35,1 99	56,1 143
4,25 110	19,5 121	35,16 210	57,2f 36
4,48 70	19,7 .... 41, 108	36,1 122	57,8f 63
4,51 58	20,1 97	36,4 135	58,6 131
4,55 76	20,3 41	36,5 122	58,7 .... 71, 101
4,57f 156	22 104	36,10 134	58,14 115
4,61 .... 76, 157	23 149	36,19 122	58,21 211
4,73 110	23,1f 151	37,3 123	58,24 199
4,78 20	24,1f 151	37,10.15 129	58,26 199
5 .... 79, 85, 147	24,3 152	38,1 99	58,26-28 158
5,1 76	24–26 149	39 53	58,28 157
5,7.8 76	25,1ff 152	39,1.3 59	61,1–3 140
5,12 74	27 119	39,7 60	61,4 141
	27,1 .... 148, 150, 152	40,2 52	62,4 .... 102, 126
	27,2f 153	40,5 53	63,1 166

63,5	167
63,6	190
63,7	167
63,10	129
63,12	167
63,13	97, 171
64,1	174
64,3–5	148
64,6	187
64,8	178
64,11	172
64,12	158
64,16	32
64,16-18	32
64,19	54, 111, 179
65	170
66	185
66,1	184, 188
66,3	185
67	119
67,4	156
70,5	123
71	74
71,1	166
71,4	105
71,6-8	110
72	102
72,1f	101, 105
72,4ff	116
73,1	15, 16
73,3	73
73,8f	213

Benediktsvita

1,8	187
3,5	108
15,2	158
23,1–5	121
28	209
29	209
35,3	214
35,6	214
35,7	214

Personen

Adelinde (Schwaiberger), Sr. (Barmherzige Schwestern) 65
Aernecke, Susanne 104
Anselm (Grün), P., Cellerar (Münsterschwarzach) 183, 204
Antonius 14
Augustin (Engl), Prior (St. Bonifaz) 33
Augustinus 14
Aurelian (Feser), Prior (Kloster Jakobsberg) 40, 75, 140, 159

Basilius 14
Benedikt von Aniane 22
Benedikt XVI., Papst 19
Benedikt XV., Papst 18
Bonifatius 187
Bruckner, Anton 211
Bucelin, Gabriel 18

Daniel (Gerritzen), P. (St. Bonifaz / Andechs) 173
David, Br. (Münsterschwarzach) 43
Dirks, Walter 21

Emerita (Nuß), Cellerarin (Kloster Bernried) 44, 182
Emmanuela (Matokovic), Sr. (Dietramszell) 54
Emmanuel (Heufelder), Abt (Niederaltaich) 24

Fidelis (Happach), Sr. (Kloster Bernried) 39, 48, 58, 112

Fidelis (Ruppert), Abt (Münsterschwarzach) 174
Fulbert (Haggenmiller), Fr. (St. Bonifaz) 34

Gratia, Sr. (Oberschönenfeld) 44
Gregor der Große, Papst 18

Heidegger, Martin 63
Hölderlin, Friedrich 63
Hugo (Lang), Abt (St. Bonifaz / Andechs) 211

Immolata (Blesch), Sr. (Kloster Bernried) 89, 141

Johannes (Eckert), Abt (St. Bonifaz / Andechs) 127
Johannes Kassian 17
Johannes Paul II., Papst 65

Kiliana (Raps), Sr. (Dietramszell) 98

Leo XIII., Papst 23
Lou Tseng-Tsiang 19

Martin von Tours 14
Meinrad (Dufner), P. (Münsterschwarzach) 150
Michael (Reepen), Abt (Münsterschwarzach) 134

Notker (Wolf), Abtprimas 67

Pascal, Br., Novizenmeister (Münsterschwarzach) 25
Paulinia (Baumgartner), Sr. (Steyler Missionarin) 82, 201
Paul VI., Papst 18
Pius XII., Papst 18

Ratzinger, Joseph *siehe* Benedikt XVI.

Schneider, Reinhold 138
Steiner, Uwe C. 81
Strauss, Botho 81

Theophil (Gaus), P. (St. Ottilien) 47
Totila, Gotenkönig 158, 187

Ulrich (Menhart), Br. (Kloster Jakobsberg) 97

Zacharias (Heyes), Br. (Münsterschwarzach) 128

Autorenviten

DR. PETRA ALTMANN
studierte Kommunikationswissenschaften, Kunstgeschichte und Soziologie. Sie war viele Jahre in Führungspositionen in Buchverlagen tätig und arbeitet heute als freie Journalistin und Buchautorin. Schwerpunktmäßig beschäftigt sie sich seit langem mit der Ordensgeschichte, den Traditionen und aktuellen Angeboten von Klöstern. Dazu liegen zahlreiche Buchveröffentlichungen von ihr vor. Regelmäßig verbringt sie selbst Tage im Kloster und schöpft aus dem reichen Erfahrungsschatz der Nonnen und Mönche. Dabei hat sie gelernt, dass die oft jahrhundertealten klösterlichen Traditionen auch für Menschen außerhalb der Klostermauern hilfreich sind.
www.dr-petra-altmann.de

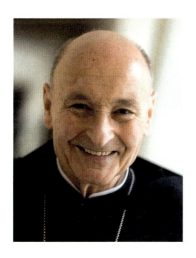

ALTABT DR. ODILO LECHNER

Dr. phil., Ehrendoktor der Münchner Theologischen Fakultät, als Hans Helmut Lechner 1931 in München geboren. Seine Gymnasialzeit absolvierte er am Münchner Wilhelmsgymnasium und nach dem Krieg am Benediktinergymnasium Metten. Nach dem Abitur 1949 studierte er an den Universitäten München, Innsbruck und Würzburg Philosophie und Theologie. 1963 promovierte er in Würzburg mit einer philosophischen Dissertation „Idee und Zeit in der Metaphysik Augustins", 1952 trat er in die Benediktinerabtei St. Bonifaz, München-Andechs ein und erhielt den Ordensnamen Odilo. 1956 empfing er die Priesterweihe. 1964 wurde er zum siebten Abt von St. Bonifaz gewählt und leitete die beiden Klöster in München und Andechs bis zum Jahr 2003. 15 Jahre war er Präses der Bayerischen Benediktinerkongregation, zehn Jahre Vorsitzender der Salzburger Äbtekonferenz.

© Verlag Herder GmbH, Freiburg im Breisgau 2009
Alle Rechte vorbehalten
www.herder.de

Umschlagmotiv: © bildmaschine
Abbildungen im Innenteil:
S. 10-11: photocase.com (Daniel Schoenen)
S.13,14 (Sinai): © Ulrich Sander, Freiburg
Alle anderen: © Stefan Weigand, Freiburg

Gesamtgestaltung:
Weiß-Freiburg GmbH – Graphik & Buchgestaltung

Herstellung:
fgb · freiburger graphische betriebe
www.fgb.de

Gedruckt auf umweltfreundlichem,
chlorfrei gebleichtem Papier
Printed in Germany
ISBN 978-3-451-32186-3